高等职业教育城市轨道交通系列教材

城市轨道交通客运服务

尹小梅　主编

易爱　方磊　副主编

化学工业出版社

·北京·

内 容 简 介

本书是高等职业教育城市轨道交通系列教材之一，以现行法律、法规为依据，紧扣国家标准和行业标准，结合城市轨道交通客运服务管理实际和新技术编写。主要包括城市轨道交通客运服务概述、城市轨道交通客运服务设施设备、城市轨道交通客运服务礼仪、城市轨道交通车站客运服务、城市轨道交通乘客事务处理服务、城市轨道交通客运服务质量管理等内容。本书每章都有教学目标、案例导入、课堂阅读、知识链接、任务训练单、课后练习题，最大程度地激发学生学习的积极性和主动性。

本书可供高职、中职院校城市轨道交通相关专业教学使用，也可供从事轨道交通工作的相关人员学习参考。

图书在版编目（CIP）数据

城市轨道交通客运服务 / 尹小梅主编；易爱，方磊副主编. -- 北京：化学工业出版社，2024.10.
ISBN 978-7-122-46397-5

Ⅰ. U239.5

中国国家版本馆 CIP 数据核字第 2024PR1946 号

责任编辑：王　可
文字编辑：李　双　谢晓馨　刘　璐
责任校对：王鹏飞
装帧设计：张　辉

出版发行：化学工业出版社
　　　　　（北京市东城区青年湖南街 13 号　邮政编码 100011）
印　　装：河北延风印务有限公司
787mm×1092mm　1/16　印张 10¼　字数 250 千字
2025 年 3 月北京第 1 版第 1 次印刷

购书咨询：010-64518888
售后服务：010-64518899
网　　址：http://www.cip.com.cn

凡购买本书，如有缺损质量问题，本社销售中心负责调换。

定　　价：38.00元　　　　　　　　版权所有　违者必究

前言

随着我国经济高速发展，城市轨道交通建设进入繁荣发展期，而该行业的人才紧缺现象日益突出，持续加强对城市轨道交通人才的培养已成为全社会的共识。服务是城市轨道交通客运工作的本质，为了提高城市轨道交通客运服务水平，城市轨道交通工作人员必须熟练掌握客运服务的基本方法和程序，养成客运服务意识，具备良好的客运服务职业素养。为了培养这类高素质高技能型人才，根据高等职业教育的发展需要与目前的市场情况，我们精心编写了这本适合高职高专学生特点的教材。

本书以现行城市轨道交通有关的国家标准为依据，结合高职教育的培养目标，遵循理论联系实际的原则，力求学以致用，为学生以后能够在岗位上胜任城市轨道交通客运服务工作奠定基础。在编写内容和要求上，我们在文中引用了大量案例，并穿插了知识链接与课堂阅读，及时将城市轨道交通客运服务的技术发展纳入教材，力求体现教材的先进性、科学性和系统性。

本书内容具有以下几个特点：

① 案例引导，形象生动。本书每个章节都设置了案例导入，通过案例引导让学生产生学习兴趣，并以思考问题的方式让学生主动进入新知识的学习。

② 图文并茂，趣味教学。本书图片清晰精美，形象生动，提高了学生的学习兴趣，也方便老师教学。

③ 知识扩展，助力学习。本书设置了"知识链接""课堂阅读""任务训练单"等模块，补充相关知识，拓宽学生的知识面，同时巩固了所学知识要点。

本书由尹小梅（长沙轨道交通职业学院）担任主编，易爱（湖南都市职业学院）、方磊（湖南都市职业学院）担任副主编。在编写过程中，我们参考了大量的文献资料，在此向这些文献资料的作者以及有关部门表示由衷的感谢。

由于时间仓促，编者水平有限，书中难免有疏漏，敬请广大读者批评指正，以便我们进行修订和完善。

编者
2024 年 6 月

目录

第一章 城市轨道交通客运服务概述 001

第一节 城市轨道交通客运服务分类及内容 001
　一、服务的概念与特征 002
　二、城市轨道交通客运服务的分类 003
　三、城市轨道交通客运服务的基本内容 004
第二节 城市轨道交通客运服务术语及要求 005
　一、城市轨道交通客运服务术语及定义 005
　二、城市轨道交通客运服务的基本要求 006
第三节 城市轨道交通员工职业素养 009
　一、城市轨道交通职业素养概述 009
　二、城市轨道交通职业道德 010
　三、城市轨道交通职业意识 012
　四、城市轨道交通职业心态 015

第二章 城市轨道交通客运服务设施设备 018

第一节 城市轨道交通客运服务设施设备设置 019
　一、客运服务标志设置 019
　二、通行设施设备设置 030
　三、票务设施设备设置 034
　四、导乘设施设备设置 034
　五、问询服务设施设备设置 035
　六、照明设施设备设置 035
　七、列车设施设备设置 036
　八、安全设施设备设置 038
　九、其他设施设备设置 041
第二节 城市轨道交通车站服务设施设备巡视 043
　一、巡视制度 043
　二、巡视要点 047

三、巡视记录　　048

3 第三章
城市轨道交通客运服务礼仪　　055

第一节　仪容礼仪　　056
　　一、面部修饰　　056
　　二、发型修饰　　057
　　三、手部修饰　　059
第二节　服饰礼仪　　059
　　一、服饰礼仪的基本原则　　059
　　二、着装要求　　060
　　三、饰品佩戴要求　　061
第三节　仪态礼仪　　062
　　一、表情礼仪　　062
　　二、站姿礼仪　　064
　　三、坐姿礼仪　　066
　　四、走姿礼仪　　067
　　五、蹲姿礼仪　　069
　　六、手势礼仪　　070
第四节　沟通礼仪　　071
　　一、沟通礼仪的基本原则　　072
　　二、服务用语礼仪　　073
　　三、电话服务礼仪　　073
　　四、语言表达技巧　　074
　　五、客运服务沟通禁忌　　076

4 第四章
城市轨道交通车站客运服务　　080

第一节　城市轨道交通服务环境　　081
　　一、服务环境卫生与服务环境保护的一般要求　　081
　　二、车站运营环境要求　　082
　　三、列车环境管理要求　　083
第二节　站厅服务　　083
　　一、导乘服务　　084
　　二、厅巡服务　　085
　　三、安全检查服务　　088
第三节　票务服务　　091
　　一、自动售票服务　　091
　　二、人工票务服务　　092
　　三、票务服务的常见问题及其处理方法　　092
第四节　闸机服务和站台服务　　094
　　一、乘客进闸服务　　094

  二、站台服务   095
  三、乘客出闸服务   099
 第五节 特殊服务   100
  一、特殊乘客服务   100
  二、乘客伤病应急服务   102

第五章 城市轨道交通乘客事务处理服务   108

 第一节 乘客事务处理概述   109
  一、乘客事务的概念及分类   109
  二、乘客事务处理原则   109
  三、乘客事务处理责任部门   110
  四、乘客事务处理程序及要求   111
 第二节 乘客投诉受理与处理   114
  一、乘客投诉分析   114
  二、乘客投诉分类   116
  三、乘客投诉处理   119
  四、乘客投诉处理技巧   121
 第三节 乘客纠纷处理服务   123
  一、纠纷类型   123
  二、乘客纠纷处理   124
  三、对易激动乘客的处理   125
  四、处理纠纷的最终机构   125
 第四节 乘客失物处理与乘客走失寻回服务   126
  一、乘客失物处理   126
  二、乘客走失寻回服务   131

第六章 城市轨道交通客运服务质量管理   135

 第一节 客运服务质量基本知识   135
  一、客运服务质量的定义   136
  二、客运服务质量的内容   136
  三、客运服务质量要求   137
  四、客运服务质量的影响因素   140
 第二节 客运服务质量监督与评价   140
  一、客运服务质量承诺   141
  二、客运服务质量监督   142
  三、客运服务质量评价   143
  四、客运服务质量改进   147

附录一 地铁车辆空气调节及采暖装置规定   151

附录二
地下车站公共区通风与空调系统的相关规定　　152

附录三
列车噪声等效声级最大容许限值　　154

附录四
车站站台最大容许噪声限值　　155

参考文献　　156

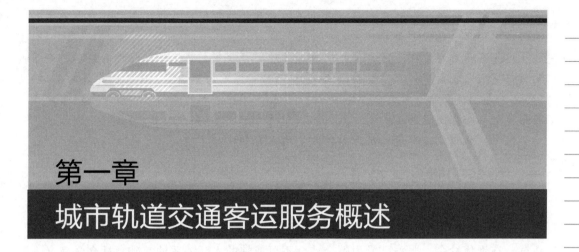

第一章
城市轨道交通客运服务概述

📄 内容导读

随着我国城市轨道交通的高速发展，以及城市轨道交通客流量的增加和乘客需求多样化，客运服务成为城市轨道交通客运工作的管理重点。城市轨道交通是公共交通的重要组成部分，城市轨道交通客运服务人员只有熟悉客运服务的内容，遵守职业道德规范，形成良好的服务意识，才能为乘客提供优质的服务，进而提高客运服务水平吸引乘客。

本章主要介绍城市轨道交通客运服务的基础知识，包括城市轨道交通客运服务分类及内容、城市轨道交通客运服务术语及要求、城市轨道交通员工职业素养。

📄 知识目标

（1）熟悉城市轨道交通客运服务分类及内容。
（2）掌握城市轨道交通客运服务术语及定义。
（3）熟悉城市轨道交通职业道德的内容与作用。

📄 能力目标

（1）能够在城市轨道交通客运工作中具备服务意识。
（2）具备良好的职业心态，遵守职业道德。

📄 素质目标

加强职业道德修养，培养爱岗敬业和为人民服务的精神。

第一节 城市轨道交通客运服务分类及内容

案例导入：厅巡服务

2022年5月1日，地铁站务员小邱在值班巡查过程中发现一位中年男子在进站闸机处停留了许久,一直没进站,后面还排着长长的队伍。见状,小邱赶紧上前主动询问该中年男子是否需要帮助。

中年男子看到小邱身穿制服并佩戴工作牌,便说道:"我刚购买的地铁票,刷了没反应,闸门就是不打开,我要怎么处理?也不想重新购票。"小邱微笑着回答道:"请这边走,我带你去客服中心处理一下。"最终,在小邱的帮助下,该中年男子终于顺利地进站并乘上了列车。

思考:城市轨道交通客运服务的主要内容有哪些?

一、服务的概念与特征

1. 服务的概念

"服务"在古代是"服侍、侍候"的意思,随着时代的发展,"服务"被不断赋予新意,在现代社会,服务已成为整个社会不可或缺的人际关系的基础。社会学意义上的"服务"是指为别人、为集体的利益而工作,或为某种事业而工作。经济学意义上的"服务"是指以等价交换的形式,为满足企业、公共团体或其他社会公众的需要而提供的劳务活动,它通常与有形的产品联系在一起。当代市场营销学泰斗菲利普·科特勒(Philip Kotler)给"服务"下的定义是:"一方提供给另一方的不可感知且不导致任何所有权转移的活动和利益,它在本质上是无形的,它的生产可能与实际产品有关,也可能无关。"

也可以这样来理解服务:服务就是本着诚恳的态度,为别人着想,为别人提供方便或帮助。这种服务活动是为他人提供以满足他人需要的,同时价值双赢的活动,是一种人与人之间的沟通与互动。

服务(SERVICE)的具体含义:

S—(smile,微笑):服务人员应该对每一位宾客提供微笑服务。

E—(excellent,出色):服务人员将每一服务程序、每一微小服务工作都做得很出色。

R—(ready,准备好):服务人员应该随时准备好为宾客服务。

V—(view,看待):服务人员应该将每一位宾客看作是需要提供优质服务的贵宾。

I—(invite,邀请):服务人员在每一次接待服务结束时,都应该显示出诚意和敬意,主动邀请宾客再次光临。

C—(create,创造):每一位服务人员应该想方设法精心创造出使宾客能享受其热情服务的氛围。

E—(eye,眼光):每一位服务人员始终应该以热情友好的眼光关注宾客,适应宾客心理,预测宾客要求,及时提供有效的服务,使宾客时刻感受到服务人员在关心自己。

2. 服务的特征

服务的特征主要体现在以下几个方面:

(1)无形性。与有形产品不同,服务是无形的,看不见摸不着,购买服务并不等于拥有其所有权。在这种情况下,服务的购买者必须对服务提供人具有信心,如轨道公司为乘客提供服务,但并不意味着乘客拥有了轨道列车上的座位。

（2）差异性。差异性是指服务不像有形产品那样有固定的质量标准，具有较大的差异性。服务是由服务人员通过自身劳动来完成的，而每位服务人员由于年龄、性别、性格、素质和文化程度的不同，他们为乘客提供的运输服务也不同；即使是同一个服务人员，在不同的时间、不同的场合，面对不同的乘客，其服务态度和服务方式也会有不同的表现；同时，不同的乘客在不同的时间会存在服务需求上的差异。

（3）不可分离性。是指服务的生产和消费同时进行，无法分割。只有加入服务的生产过程中才能最终消费到服务。比如，对城市轨道交通运营企业来说，运输过程就是服务的生产过程；对乘客来说，乘车过程就是消费过程。

（4）不可存储性。是指服务不能被储存、转售或者退回的特性。由于服务的无形性和不可分离性，使得服务不可能像有形产品那样储存起来，以备未来销售。如一个有100个座位容量的航班，如果在某天只有80个乘客，它不可能将剩余的20个座位储存起来留待下个航班销售。

二、城市轨道交通客运服务的分类

城市轨道交通客运服务是指在轨道交通系统内，轨道交通运营单位为乘客安全、准时、快捷、方便、经济、舒适和文明乘车而直接开展的服务工作。城市轨道交通客运服务从乘客进入轨道交通车站开始，到乘客在目的站下车出站为止。城市轨道交通客运服务工作作为城市轨道交通运营管理的重要组成部分，是保证城市轨道交通运营单位竞争力的关键。

1. 按服务时间和销售时间划分

按服务时间和销售时间划分，可以把客运服务划分为售前服务、售中服务和售后服务。

售前服务的服务时间早于销售时间，是指乘客在购票之前接受的服务，主要有乘客到达车站后的问询服务、自助查询服务和导向服务等。

售中服务的服务时间与销售时间同步进行，是指乘客在购票过程中享受到的服务，主要有乘客的购票服务、找零服务、兑换服务和问询服务等。

售后服务的服务时间晚于销售时间，是指乘客购票进入车站付费区后的全部服务，它占有服务的比重最大，主要包括检票服务、列车服务和站台服务等。

2. 按提供服务的主体划分

按提供服务的主体划分，可以将服务分为自助服务和人工服务。

自助服务是指通过自助设备设施向乘客提供所需的服务，主要有自动检票机提供的检票服务以及自动售票机提供的售票、充值和查询服务。

人工服务是指依靠服务人员与乘客的交流，询问相关信息，利用相关设备提供给乘客所需要的服务，如安检服务、售票服务、问询服务、找零兑换服务等。

3. 按是否需要和乘客直接接触划分

按是否需要和乘客直接接触划分，可以将服务划分为前台服务和后台服务。

前台服务是指直接和乘客接触的服务，这类服务直接面向乘客，形成乘客对服务质量的明确感知，因此前台服务是服务的核心部分，运营企业必须高度重视。

后台服务不直接面对乘客，而是为前台服务提供技术性和管理性的工作，它是对前台服务的一种支持。

三、城市轨道交通客运服务的基本内容

一般来说，城市轨道交通客运服务的基本内容包括导乘服务、厅巡服务、票务服务、安检服务、闸机服务、站台服务六个部分。

1. 导乘服务

导乘服务是指城市轨道交通运营单位通过设置引导标志、进行站内广播、提供人工服务等方式，引导乘客正确乘坐轨道交通列车并顺利到达目的站的活动。

城市轨道交通车站出入口、售票处等附近应公布乘车常识和注意事项，公布车站周边公交线路的换乘信息，并设有醒目的引导标志，以便乘客迅速获取关键信息。

城市轨道交通车站应提供及时、准确、有效的乘车信息。必要时，通过城市轨道交通车站广播等方式向乘客宣传乘车常识和注意事项，预告列车到站时间、提醒乘客有序乘车注意安全等。列车上应向乘客提供列车运行方向、到站、换乘等清晰的图文信息。对于需要帮助的特殊乘客（如老、幼、病、残、孕等），客运服务人员应积极、主动地提供导乘服务，引导其顺利乘车。

2. 厅巡服务

厅巡服务是指城市轨道交通运营单位安排专人在站厅内巡查，为乘客提供帮助并完成组织客运工作、检查设备运转情况、维护客运秩序等任务的活动。厅巡服务人员应时刻关注车站内的情况，及时处理乘客事务以及车站内发生的事故，以便为乘客提供周到的服务。

3. 票务服务

票务服务是指城市轨道交通运营单位通过自动售票机、人工售票等方式为乘客办理购票手续的活动。按售票方式划分，票务服务可分为自动售票机售票服务、人工售票服务、线上售票服务。

自动售票机售票服务是城市轨道交通票务服务中常用的方式之一，它能够为乘客提供方便、高效的票务服务，乘客只需在自动售票机上选择目的站并支付票款，即可购得车票。同时，车站还会提供人工售票服务，主要针对一些行动不便或不会使用自动售票机的乘客（如老人、小孩、残障人士等）。当自动售票机故障时也需要人工售票服务。

此外，随着信息技术的不断发展，为了提高票务服务效率，城市轨道交通运营单位推出了线上购票服务，乘客可通过当地城市轨道交通手机 APP 购票，并使用乘车二维码进出车站。

4. 安检服务

安检服务是指城市轨道交通运营单位为了保障乘客的生命财产安全，安排专人对乘客及其携带的物品进行安全检查的活动。安检服务能有效地降低或者避免故意伤人、恐怖袭击等恶性事件的发生，从而保障乘客的生命财产安全。

一般会在进站闸机前设置安检关卡（包括安检员、安检门、安检机、金属探测器等）对乘客及其携带的物品进行检查。安检工作人员应主动示意乘客将随身携带的物品放到安检机的传送带上接受检查，并通过安检门或金属探测器等设备检查乘客是否携带了违禁物品。

5. 闸机服务

闸机服务是指城市轨道交通运营单位利用闸机进行有序高效地检票的活动。分为进站检票服务和出站检票服务，闸机检票替代人工检票，可以使每位乘客的检票时间缩短至20秒左右，有利于提高效率，加快客流速度。

6. 站台服务

站台服务是指城市轨道交通运营单位安排工作人员在站台上巡查，以完成维护乘车秩序、解答乘客疑问、提供乘车帮助、处理突发事件等任务的活动。比如及时阻止在车门即将关闭时准备冲进列车门的乘客、提醒乘客站在黄线外候车等。

第二节 城市轨道交通客运服务术语及要求

案例导入：安全与服务可兼顾

2021年3月20日上午10点左右，长沙五一广场站一名男乘客带着一名小孩在自动售票机（TVM）上购票。厅巡小李发现小孩手上拿着气球，于是主动上前对该男乘客说："先生，您好！为了您和他人的安全，请不要带气球进站！"男乘客有点不满地说："为什么不可以？气球又不碍什么事。"并指责小李有意为难他，小李耐心地向该男乘客解释原因，乘客还是坚持乘车是他的权利，谁也无权阻止他，小李没有办法，于是通知值班站长前来处理。值班站长接报后马上赶到站厅，在了解情况后，对该乘客说："对不起，先生！为了您和他人的安全，按规定我们确实不能让您进站乘车！"该乘客听后更加不满地说："这是哪门子规定，这种规定不合理，没有充分为乘客着想。修建地铁是为了给乘客带来方便的，现在规定这么多，还怎么方便乘客？"于是值班站长耐心地向其解释："气球是易爆品，如果携带进站可能会危及自身及其他乘客的安全，要不把气球的气给放了再带进站乘车好吗？"乘客开始不同意，最后在值班站长的耐心解释下，终于同意将气球放气后再进站乘车。

思考：上述城市轨道交通客运服务人员的服务是否符合要求？

一、城市轨道交通客运服务术语及定义

1. 服务（service）

是指服务提供者与顾客接触过程中所产生的一系列活动的过程及其结果。服务的结果通常是无形的。

2. 服务质量（service quality）

是指服务组织为乘客所提供服务的程度。服务质量可通过服务水平或准则来确定。

3. 服务质量准则（quality criterion）

是指从乘客视角确定的服务提供标准。

4. 服务水平（level of service，LOS）

是指用一个指定的评价服务标准对特定的服务进行衡量。服务水平可基于用户对于运输绩效的感受，也可以是公共交通服务的供给量。

5. 城市轨道交通客运服务（urban rail passenger transport service）

是指为使用城市轨道交通出行的乘客提供的服务。

6. 乘客（passenger）

是指乘坐交通工具的顾客（不包括工作人员和服务人员）。

7. 运营单位（operation provider）

是指经营城市轨道交通运营业务的单位。

8. 城市轨道交通车站（urban rail transport station）

是指在城市轨道交通线路上，办理运营业务和为乘客提供服务的建筑设施和场所。它包括：①始发站，城市轨道交通列车运行的起始车站；②中间站，城市轨道交通列车运行途经的车站；③换乘站，城市轨道交通线路交会处，具备从一条线路转乘到其他条线路功能的车站；④终点站，城市轨道交通列车运行的终到车站。

9. 服务人员（service personnel）

是指在运营单位中，为乘客提供客运服务的人员。

10. 服务用语（service language）

在客运服务中，服务人员所使用的规范语言。

11. 服务行为（service behavior）

是指在客运服务中，服务人员表现出来的行为。

12. 服务设施（service facilities）

是指在城市轨道交通设置的，直接为乘客提供服务的设施。

13. 服务质量承诺（service commitment）

运营单位以公告或声明的形式公布其对乘客所承诺的服务内容。

二、城市轨道交通客运服务的基本要求

（一）对运营单位的要求

1. 总体要求

城市轨道交通运营单位应依据相应规章制度为乘客提供客运服务工作，总体要求如下：

（1）应以乘客的视角为基准，衡量城市轨道交通客运服务质量。

（2）运营单位应有符合 GB/T 30012（《城市轨道交通运营管理规范》)要求的组织机构、规章制度和提供客运服务的能力。

（3）运营单位应以安全、准时、便捷、舒适、文明为目标，为乘客提供持续改进的服务。

（4）运营单位应为乘客提供符合服务规范的服务设施、候车环境和乘车环境。

（5）运营单位应为乘客提供规范、有效、及时的信息。在非正常运营状态下，应为乘客提供必要的指导信息。

（6）运营单位应以客运服务规范及服务质量准则为基础，提出服务质量目标，

包括确定提供的服务水平，进行服务质量承诺，服务质量和水平应通过服务质量评价进行衡量。服务质量的管理和评价应符合社会经济环境及其变化发展的要求和需求。

（7）运营单位应向残障等特殊乘客提供相应的服务。

（8）为乘客提供的公益或商业服务应不影响安全，并不降低服务质量。

2. 安全应急服务要求

（1）城市轨道交通车站及其范围内应有明显可识别的警务点或呼叫点。

（2）城市轨道交通应配备站内及车厢监控设备，公共区域的监控设备应做到重点通道区域、客流密集区域、站台候车区域的全覆盖，并应符合 GB 51151（《城市轨道交通公共安全防范系统工程技术规范》）的规定。

（3）发生突发事件时，运营单位应及时通过站内乘客信息系统、站内/车厢广播、网络（微博、微信、官网）多渠道告知，提供相关信息。

（4）发生公共安全突发事件时，应立即启动应急预案，报告相应管理部门。

（5）出现/预见极端天气情况或极端环境情况下，危害超过或可能超过应急预案设定的安全阈值条件时，运营单位应立即启动相应的响应措施或立即停运。

（6）预判站台客流量超过站台估计最大客流预警值时，应当实施单站级客流控制；仍无法缓解时，预判断面客流满载率超过预警值时，应当在本线及与之换乘的线路车站实施线网级客流控制。

（7）非突发情况下的列车越站，运营单位应至少提前一站告知受影响的乘客。首班车、末班车及乘客无返乘条件的列车不应越站，同方向连续两列载客列车一般不应在同一车站越站。

（8）列车迫停区间需组织区间疏散时，运营单位应扣停可能驶入受影响区域的列车，明确疏散方向，通知车站做好客流引导，在邻站端门及疏散区间联络线等通道处安排人员监控，疏散后确认无人滞留。

（9）运营单位应通过播放宣传短片、播放车站或列车广播、发放宣传单等多种方式进行安全宣传教育，向乘客提供突发情况下的应急处置流程、服务设施使用方法和安全警示等安全信息。

（10）运营单位应定期组织客运服务各岗位的应急预案演练及评估工作，不断完善应急预案，提高应急处置能力。

知识链接：在地铁上遇到意外应怎样应急避险

以往我们在乘坐地铁的时候，往往觉得地铁是最安全的，不会有什么危险。即便地铁故障了也会及时停运，不会威胁到我们的人身安全。虽然地铁的安全系数相对来说较高，但是由于人员密集，一旦发生危险，极易造成严重的后果。2021 年 7 月 20 日郑州地铁 5 号线发生的事故就是一个很大的教训。

发生意外情况时，该怎么办？

1. 火灾

当列车发生火灾时，可以按下列措施应急避险：

（1）利用车厢内的干粉灭火器进行扑火自救。

（2）及时报警，可以利用自己的手机拨打 119，也可以按动地铁列车车厢内的紧急报警按钮。

（3）密切留意列车上的广播，在司机的指引下，紧张有序地通过车头或车尾疏散门进入隧道，往邻近车站撤离，再由工作人员统一指挥进行疏散。

2. 站台屏蔽门夹人

当站台屏蔽门夹人时，可以按下列措施应急避险：

（1）站台内可协助按下站台两侧急停按钮，车厢内旋转紧急开门装置，拉开屏蔽门。

（2）早晚高峰人比较多时，千万不要为赶一辆列车就拼命往上挤，非常容易发生危险。地铁两班车之间的间隔时间很短，一定要以安全为主。

3. 停电

当停电时，可以按下列措施应急避险：

（1）列车运行时停电，乘客千万不可扒门离开车厢进入隧道。即使全部停电后，列车上还可维持45分钟到1小时的应急照明和通风。应听从工作人员指示，从指定的车门向外撤离。

（2）站台突然停电，乘客请原地等候，等待工作人员进行广播和疏散。

（3）无其他意外发生，停电时一般不要拉动报警装置。

4. 有人晕倒

当发现有人晕倒时，可以按下列措施应急避险：

发现有人晕倒时，通报地铁工作人员，检查患者意识和呼吸，如果没有反应和呼吸，立即进行心肺复苏；无意识有呼吸患者稳定侧卧位；有意识患者原地休息，拨打120。

（二）对客运服务人员的要求

客运服务人员的言行举止直接影响到城市轨道交通的服务质量，一名合格的客运服务人员，要严格遵守岗位要求与服务礼仪规范。

1. 基本要求

（1）服务人员应根据各岗位服务要求，遵守岗位工作职责及工作标准，为乘客提供进入城市轨道交通系统后的所有服务工作。

（2）服务人员应履行首问责任制。

（3）服务人员应进行岗前培训，持证上岗，并进行在岗技能培训。定期组织开展上岗证核证、复证工作。因个人原因离岗6个月及以上的服务人员在归岗前应进行岗位复核测评，通过考核后，方可上岗。

（4）行车值班员、列车驾驶员及行车调度员的技能和素质要求应分别符合JT/T 1002.1（《城市轨道交通行车值班员技能和素质要求》）、JT/T 1003.1（《城市轨道交通列车驾驶员技能和素质要求》）、JT/T 1004.1（《城市轨道交通行车调度员技能和素质要求》）的要求。

（5）志愿者或临时支援人员应在通过培训后上岗。

（6）客运服务各岗位工作人员应定期进行应急预案演练，提高应急处置能力。

（7）当服务人员疑似感染或已感染极具传染性疾病时，不应为乘客提供服务。

2. 服务用语要求

（1）服务语言应使用普通话（乘客提问时使用方言或外语的除外）。

（2）问询、播音宜提供英语服务。

（3）服务用语应表达规范、准确、清晰、文明、礼貌。
（4）服务文字应用中文书写，民族自治地区还应有当地的民族文字。
（5）根据本地区的特点，服务人员应进行防止使用忌语的培训。

3. 服务行为要求

（1）服务人员应按规定着装，正确佩戴服务标志。
（2）服务人员应坚守岗位，严格遵守规章制度。
（3）服务人员应做到精神饱满、端庄大方、真诚亲切、举止文明、动作规范。
（4）服务人员应及时响应乘客询问或要求，回答询问认真、专业。
（5）服务人员应为有需要的乘客提供无障碍乘车服务。

4. 安全应急服务要求

（1）应急服务应以保障人身安全为首要目标。
（2）发现走失的儿童，应带领其至安全场所，并设法联系其监护人或报警。
（3）当乘客身体不适时，客运服务人员应提供必要帮助，当出现可能影响公共卫生安全或正常客运，以及需要进行人文关怀或乘客要求隔离等情况，可根据需要对现场进行隔离，并配合做好后续工作。
（4）当发生车门未能正常开关、电梯故障、个别乘客受伤等影响范围有限，无扩散或传播风险的情况时，应最大程度地减少运营影响，尽快恢复列车正常运营，利用广播等方式告知乘客相关运营信息，做好解释和安抚工作。
（5）列车临时清客时，应通过广播或其他方式告知车内乘客和站内乘客，引导乘客下车等候下一班载客列车。

第三节 城市轨道交通员工职业素养

案例导入：安检人员殴打乘客被辞退

2021年4月27日，石家庄地铁1号线博物院站安检人员殴打乘客事件引起了人们的广泛关注。据调查，事发当日，涉事安检人员因要求乘客进行疫情登记与乘客发生口角，被乘客追打后，无法控制情绪而殴打乘客。

事情发生后，石家庄地铁公司责令辞退了该安检人员，并公开向乘客致歉，表示将以此为戒，立行立改，严格监督管理车站安检人员，加强对客运服务人员的职业道德教育，为乘客提供热情周到的服务。

思考：（1）如果你是该安检员，遇到上述情况应该怎么处理？
（2）地铁公司为什么要加强客运服务人员的职业道德教育？

一、城市轨道交通职业素养概述

1. 职业素养的概念

职业素养是指职业内在的规范和要求，是在职业过程中表现出来的综合品质，包含职业道德、职业意识、职业心态、职业技能、职业行为和职业作风等内容。其中，职业道德、职业意识和职业心态是职业素养的重要内容，也是最根本的内容。

2. 职业素养的作用

工作中需要知识，但更需要智慧，而最终起到关键作用的就是素养。职业素养不仅仅是一种行为准则，更是一种品质，指导着个人在职业生涯中做出正确的选择，对于职业生涯的发展至关重要。

首先，职业素养可以帮助人们更好地适应职业环境。一个具备良好职业素养的人，往往能够很快地适应新的工作环境，并与同事建立良好的关系，从而更好地开展工作。

其次，职业素养可以提高人们的工作效率。一个具备良好职业素养的人，往往能够更加专注自己的工作，不断提高自己的技能和能力，从而更加高效地完成任务。

最后，职业素养可以帮助人们实现职业发展。一个具备良好职业素养的人，往往能够更好地理解自己的职业发展目标，并制定相应的计划和策略，从而更加顺利地实现职业发展。

3. 职业素养的三大核心

（1）职业信念。良好的职业信念应该由爱岗、敬业、忠诚、奉献、正面、乐观、用心、合作等关键词组成。而良好的职业素养应该包含良好的职业道德、正面积极的职业心态和正确的职业价值观意识等职业信念，是一个成功职业人必须具备的核心素养。

（2）职业知识技能。职业知识技能是做好一个职业应该具备的专业知识和能力。要把一件事做好就必须坚持不断地关注行业发展以及未来的趋势走向，每个职业的知识技能不同，学习提升职业知识技能是为了让我们把工作做得更好。

（3）职业行为习惯。职业素养就是在职场上通过长时间"学习—改变—形成"而最后变成习惯的一种职场综合素质。

信念可以调整，技能可以提升。要让正确的信念、良好的技能发挥作用就需要不断练习、练习、再练习，直到成为习惯。

二、城市轨道交通职业道德

职业道德是同人们的职业活动紧密联系，具有自身职业特征的道德准则和规范。它既是对从事一定职业的人员在职业活动中行为的规定，又是该职业对社会应负的道德义务。

（一）城市轨道交通职业道德的作用

1. 规范作用

城市轨道交通职业道德对客运服务人员的思想和行为有着重要的约束力，能够约束和规范客运服务人员的言行举止，使他们在服务工作中有章可循，有利于提高客运服务的质量。

2. 调节作用

城市轨道交通职业道德的调节作用体现在客运服务人员与乘客的关系上，客运服务人员遵守职业道德规范，主动、积极地为乘客提供优质服务，就会赢得乘客好感，有利于增进与乘客之间的关系，从而促进企业社会效益的提高。

3. 激励作用

城市轨道交通客运服务人员遵守职业道德，尊重乘客，为乘客提供优质的服务，可以使乘客感受到温暖和关怀，从而更加支持、配合客运服务人员的工作，这种良性循环激励客运服务人员以更积极努力的态度投入工作中。

4. 衡量作用

城市轨道交通职业道德内容可以作为客运服务人员职业道德的考核指标，以此来衡量客运服务人员的职业道德水平，对那些不顾乘客利益和企业荣誉、不讲职业道德的客运服务人员进行教育和帮助，甚至辞退，进而提高运营单位的客运服务质量和水平。

（二）城市轨道交通职业道德的内容

1. 爱岗敬业，忠于职守

爱岗敬业指的是忠于职守的事业精神，是职业道德的基础。城市轨道交通客运服务人员应当热爱自己的工作岗位，热爱本职工作，以一种恭敬严肃的态度对待自己的工作，忠于职守，尽职尽责，并充分认识到客运服务工作的意义，以最佳的状态投身客运服务事业。

2. 文明礼貌，尊重乘客

客运服务人员的职业道德必须以全心全意为乘客服务为核心。客运服务人员的言行举止不仅代表其个人的道德素养水平，更代表了其所属城市轨道交通运营单位甚至当地城市的形象。因此，城市轨道交通客运服务人员在服务乘客的过程中，应以文明礼貌的态度、大方得体的言行对待乘客，努力为乘客提供最满意的服务。

3. 遵章守纪，团结协作

遵章守纪是企业信誉和自身形象的重要体现，作为客运服务人员，必须认真学习行业内的相关法律法规及企业内部的规章制度，自觉遵守各项操作规程和职业纪律，增强纪律意识。

城市轨道交通运营线网纵横交错、紧密相连，运行环境变化较大，涉及部门多、工种繁杂，一个环节出问题，相关岗位、部门的工作就会受影响。因此，各部门、各工种之间应该相互尊重、取长补短、团结互助、协作配合，共同为乘客提供优质的服务。

4. 热情服务，考虑周到

为乘客提供热情、周到的服务，是城市轨道交通客运服务人员职业道德的基本要求，客运服务人员应当以积极、热情的态度，主动为有需要的乘客提供帮助，让每一位乘客从服务中感受到社会的温暖，感受到城市轨道交通客运服务人员的热情和社会责任感。

课堂阅读：上海地铁里的"最美坚守者"

上海地铁经过30多年发展，截至2024年，拥有了20条线路（其中5条全自动驾驶线路）、831公里、508座车站的超大规模轨道交通网络，每日运送客流超千万人次，占本市公共交通运量70%以上，成为市民游客公共交通出行的首选，同时为上海城市发展赋能提速。

"哪有什么岁月静好，不过是有人替你负重前行。"每一个节假日的守护，每一个坚守的身影都是构筑人民平安出行的基础，让大家快乐并幸福着。上海地铁在为大家提供安全便捷交通服务的背后，离不开广大地铁员工在岗位上的奉献与坚守。为了让广大乘客能够安全、准点、快捷乘坐地铁，他们"舍小家、顾大家"，在平凡的岗位上认真做好每项工作，倾情服务每位乘客。除了一线的服务岗位外，还有很多员工在幕后为广大乘客默默地奉献着，他们用最饱满的状态、严谨的工作态度，坚守岗位，尽职尽责，竭诚为广大乘客做好各种服务，全力保障节假日期间地铁安全运营，为市民的便捷出行保驾护航。

（三）职业道德修养提升的方法

职业道德修养是指从事各种职业活动的人员，按照职业道德基本原则和规范，在职业活动中所进行的自我教育、自我改造、自我完善，使自己形成良好的职业道德品质和达到一定的职业道德境界。

1. 强化职业道德教育

作为新时期的城市轨道交通客运服务人员，树立终身学习的理念是提高职业道德修养的基本途径。学习职业道德规范、学习现实工作和生活中的道德榜样和典范，有利于明确职业道德修养的目标，激发职业道德情感，增强职业道德责任心，提高职业道德修养的自觉性。

2. 积极参加实践活动

要把职业道德品质的培养渗透到平时的工作实践中去，参加职业活动实践，在实践中体验、锻炼和提高，并逐渐形成与岗位职业道德规范要求相一致的职业道德品质和行为习惯。正是在从事实践活动的工作中，才能认识到哪些行为是道德的，哪些行为是不道德的，哪些行为习惯符合职业道德规范的要求，哪些行为习惯违反了职业道德规范。

3. 做到内省和慎独

一个严于律己的人往往能够依据职业道德要求和规范，不断认识自我、反省自我、改造自我，从而成为一名具有良好职业道德素养的城市轨道交通客运服务人员。

职业道德修养的突出特点是个人自觉性，因而，职业道德修养也同样讲"慎独"。慎独是指在独自一人没有外界监督的情况下，坚守自己的道德信念，自觉按照道德要求行事，不做违背道德的事，实行的是自我监督、自我约束，强调的是高度的自觉性。

4. 积善行德，防微杜渐

优良的职业道德品质是经过日积月累逐步培养起来的，是一个积小善为大善的修养过程，通过积累善行和美德，使之巩固强化，逐渐凝结成优良的品德。客运服务人员要在平凡的日常工作中，从一件件具体的小事做起，坚持不懈；同时又要注意防微杜渐，随时克服和纠正自己的不道德思想和行为，加强职业道德修养，培养良好的职业道德品质。

三、城市轨道交通职业意识

职业意识是作为职业人所具有的意识，以前叫作主人翁精神。具体表现为：工作积极认真，有责任感，具有基本的职业道德。职业意识既影响个人的就业和择业方向，又影响整个社会的就业状况。它由就业意识和择业意识构成。

职业意识是人们对职业劳动的认识、评价、情感和态度等心理成分的综合反映，是支配和调控全部职业行为和职业活动的调节器，它包括创新意识、竞争意识、协作意识和主动意识等方面。城市轨道交通企业员工应培育的职业意识如下。

1. 责任意识

从法律角度，对任何一个社会人来说，权利可以放弃，但是责任和义务必须履行，对于即将步入职场的职业人来说更是如此。一方面，承担自己的责任，不能让自己的责任成为别人的负担，影响整个团队的效率；另一方面，也不能以此推卸责任，筑起责任划分的堤坝，对于责任交叉和责任空当置若罔闻，毫不关心。

课堂思考：请同学们检测一下自己责任感强不强

责任感不强的典型行为有以下表现：
(1) 自我认为已经做得差不多了。
(2) 虽然我知道还有一些不完善的地方，但是让下一个环节的人来处理吧。
(3) 我能感觉到这样会产生一些不良后果，但心存侥幸认为不会出什么事。
(4) 在工作时间内我已经很努力了。
(5) 我和别人的结果可能差不多。
(6) 精益求精也没有止境，勉强过得去就行了。
(7) 对责任的界定也没有很严格的标准，何必自讨苦吃。
(8) 放大别人的缺点，为自己开脱制造借口，忽略自己的缺点。
(9) 认为不出纰漏，万事大吉。

2. 安全意识

城市轨道交通是现代化大城市广泛采用的一种安全、快速、舒适、无污染而运量大的有轨运输方式。它由车辆、车务、机电、通信、工务等部分组成，犹如一架庞大复杂的联动机，在实现运营的过程中，要求联动机的各个环节、各个部门相互配合，紧密联系，互为整体。行车安全不但关系到整个城市轨道交通系统的正常运作，而且关系到广大乘客的生命、国家财产的安全，所以安全是城市轨道交通的生命线和效益线。作为城市轨道交通职业化员工，应该树立"安全第一、预防为主"的安全意识。

3. 服务意识

服务意识是企业全体员工在与一切企业利益相关的人或企业的交往中所体现的为其提供的一种热情、周到、主动的服务欲望和意识。它是发自服务人员内心的，是服务人员主动做好服务工作的一种观念和习惯，是通过培养和教育训练而形成的。

服务意识的基本要素包括用心、主动、积极、热情和周到，是职业人需要重点关注的对象。服务意识必须存在于我们每个人的思想认识中，只有大家提高了对服务的认识，增强了服务意识，激发起人在服务过程中的主观能动性，搞好服务才有思想基础。

课堂阅读："心"与事业

在曹德旺先生10岁时，父亲把他叫到跟前，跟他说："你来举例和心有关的词。"曹德旺一边思考，一边说着："用心、恒心、决心和怜悯心……"还没等曹德旺说完，父亲就打断了他的话，便说："你有多少心，就能做多少事。等你懂了这些道理后，爸爸已经不在人世了。"这句话一直埋藏在曹德旺的心里。

直到1984年的一天，曹德旺带着母亲去武夷山散心。在乘坐公交车时，母亲带着一根拐杖上了车，此时司机一脸担心地看着曹德旺母亲说："你要小心，不要把玻璃搞坏，可赔不起。汽车玻璃是进口的，国内没有人能造，一块要6000多元。"这句话彻底"激怒"了曹德旺，于是他下定决心：要把"心"交给玻璃，成为中国的"玻璃心"。

"心以致德，德以致旺"简称"心德旺"。"用心"就是做事情不仅仅用手和脚，而是要用心去做，这个"心"包括初心、诚心、耐心、用心、热心、关心、爱心等。用手脚干的活是工作，用心干的活才是职业，乃至事业。

4. 主动工作意识

工作就要主动、行动与热情，只有贯彻到底，才能解决问题。

5. 细节意识

成功从来都不是一蹴而就的，而是一个不断积累的过程。对待小事、对待细节的处理方式往往也反映了一个人工作的态度，是积极面对，脚踏实地，无论什么工作都尽心尽力完成，还是整日空想成功，却不愿从身边的事情做起。这两种截然不同的态度，就是成功者与失败者的区别。

6. 客户意识

服务永无止境，树立城市轨道交通企业的品牌需要所有员工优质的服务。一个企业的发展，靠的是先进的技术、高标准的质量、贴心的服务，所以要微笑面对竞争，面对服务，微笑地面对每个客户。

7. 协作意识

当一个人步入职场，首先会进入一个团队。每一位职业人都在追求实现个人价值的最大化，然而成功必须依赖团队的协作。在团队的协作过程中，注重经营人脉资源，是构筑职业发展平台的基础，学会与人协作，是职业人的必修课。

8. 竞争意识

作为企业员工，必须懂得入职竞争、岗位竞争、服务竞争。生存的竞争是无处不在的，其实竞争也是无处不有的。

9. 学习意识

学习意识是我们对于学习的一种潜在看法。有学习意识的人时刻都保持着一种对周围事物探本究源的最敏锐的神经。

课堂阅读：真诚服务温暖乘客出行，平凡善举汇聚向善力量

扎根在轨道交通各阵线的干部职工，或挺身在项目建设一线，或坚守在运营服务前沿，或驻守在要素保障后方。他们在岗位上专注于本职，追求突破与卓越，传承与发扬着工匠精神，书写了新时代劳动者的最美诗篇。为大力宣传岗位标兵精神，长沙地铁推出"标兵风采"系列宣传，与大家一同走进他们的工作，共同学习他们"爱岗敬业、艰苦奋斗、勇于创新、甘于奉献"的精神。

黄兴广场是长沙人气最高的商圈之一，以此命名的地铁站也是1号线最繁忙的站点之一。黄兴广场值班站长何巧，正是忙碌且有序的幕后工作者，把工作要求内化成

地铁站台上崇德向善的细节，在点滴付出中为每一位需要的乘客提供帮助，把地铁人的温暖传递到万千乘客心中。

事件一：某日，黄兴广场站内一名孕妇腹痛难忍似有生产迹象，值班的何巧接到消息后飞奔到现场，立即拨打120急救电话。没有120急救人员，而孕妇羊水破裂、腹痛难忍，分娩已迫在眉睫。没有过多思考时间，何巧克服心理恐惧，联合站内工作人员在站厅铺设毛毯、设置屏风，准备热水、酒精等消毒用品，迅速搭起一座临时"产房"。随后，她便紧握产妇双手，学着纪录片中的操作，安慰并引导产妇均匀呼吸、使劲，在与热心乘客的爱心接力下，产妇顺利诞下一名男宝宝，母子平安。这次非同寻常的接生经历，让何巧深知熟练掌握急救技能的重要性。

事件二：某日临近闭站，何巧发现一男性乘客一脸通红地在站台座椅上呼呼大睡，怎么呼喊都叫不醒，还散发着浓浓酒味。何巧当即拨打120急救电话，请求地铁公安联系该乘客家人，自己则用纸巾细心擦拭该乘客的呕吐物，并找来防寒服帮他盖上，以防着凉。120急救人员赶到以后，何巧和同事一起帮忙将该乘客抬上救护车。

不管相逢是陌生还是熟悉，何巧是满怀热情的孤勇者，在行动中践行社会主义核心价值观，曾获长沙市第六届道德模范提名奖、长沙市"向上向善"好青年，助人事迹被央视新闻、人民网、新华社等主流媒体报道，把"向上向善、生生不息"的种子撒到更多人心中，在长沙地铁掀起了一阵温暖的道德"春风"。

四、城市轨道交通职业心态

职业心态是指在职业活动中，根据职业的需求，表露出来的心理感情，即职业活动中的各种对自己职业及其职业能否成功的心理反应。

1. 积极心态

积极心态是职业心态的首位，有两个重要表现：一是不轻言放弃，二是不怨天尤人。消极的人允许或期望环境控制自己，喜欢一切听别人安排，但在这样的情况下，他们很难拥有控制自己命运的能力，他们的人生总是处在过去的种种失败与困惑的阴影里；而积极的人总是能够以不屈不挠、坚忍不拔的精神面对困难，以最乐观的精神和最辉煌的经验支配、控制自己的人生。

2. 阳光心态

阳光心态是一种不骄不躁、处变不惊的平常心态。它表现为：改变不了环境可以改变自己，改变不了事实但可以改变态度，改变不了过去但可以改变现在，不能样样顺利但可以事事尽心。

3. 执着心态

执着心态是一种精神，是一种对人生和事业的态度。执着是坚持生命不息、奋斗不止的本色。执着的人不甘于在平庸中虚度岁月，而是积极探寻人间的奇迹。

4. 共赢心态

共赢的本质就是共同创造、共同进步，共赢是团队内在的气质。城市轨道交通系统控制中心、站务中心、乘务中心行政上不属于同一个部门，但在实际生产中是人员相对固定的搭班，是一个"大班组"。

5. 空杯心态

空杯心态是一种谦逊的心态，是挑战自我的永不满足，是对自我的不断扬弃和否定,是不断学习、与时俱进。

6. 感恩心态

感恩是对生命恩赐的领略,是对生存状态的释然,是对有限生命的珍惜,是一种不求回报的自觉和奉献。感恩让我们坦然面对工作中的起伏、挫折和困难。感恩是一种美好的情感,是一种健康的心态,是良知也是动力。

任务训练单

城市轨道交通客运服务及知识问答竞赛

专业		班级	
姓名		小组成员	

一、任务要求

(1) 学生分组,每组 6~8 人。

(2) 竞赛题为抢答题、必答题、风险题,分三个阶段进行,每阶段时间为 15~20 分钟,抢答时举手报告,并站起来回答,10 秒内必须作答。

(3) 每一阶段结束后公布每组得分情况,三个阶段都结束后,公布每组总分情况及排名。

(4) 根据每组总分排名评出优秀组;根据同学互评,评出每组的优秀人员。

二、竞赛形式

(1) 抢答题:每题 1 分,答题时间 10 秒,答对加 1 分,超过答题时间、答错题、不能回答的不得分。各组在主持人宣布开始后抢答,任一组员均可抢答,抢答时举手报告,并站起来回答,10 秒内必须作答。

(2) 必答题:每组每人 1 题,各组队员按照座位顺序依次作答,每题 1 分,答题时间 10 秒,答对加 1 分,超过答题时间、答错题、不能回答的不得分,答题过程中其他组员不得提示或暗示,否则视为违规,违规不得分,此题作废。

(3) 风险题:按照抽题号决定所答题目,设 5 分、10 分、15 分三个分数段,时间 60 秒,各组自愿选择不同分值的题目,可由任一组员进行回答,其他组员可在规定时间内进行补充,答对加相应的分数。在规定时间内答错题或不能回答的,不得分。

三、实施要点

(1) 每组分别选出 1 名成员作为计分人员,本组成员不能为本组计分;从班级中选择 1 名同学作为计时人员,1 名同学作为总核分员,核对漏记或者多记情况。计时人员和计分人员要公平公正。

(2) 班长和副班长作为监督员,并维护纪律。如必答题队员进行了提示,抢答题队员犯规等,可提出扣分意见,进行扣分。

(3) 各组不得携带任何资料、手机等进行作答,各组队员要做到守纪律,听指挥,不可喧哗。

课后练习题

一、选择题

1. 购买服务并不等于拥有其所有权,这体现了服务的(   )。

   A. 无形性　　　B. 差异性　　　C. 不可分离性　　　D. 不可存储性

2. 按服务时间和销售时间划分,乘客购票进入车站付费区后的全部服务属于(   )。

   A. 售前服务　　B. 售中服务　　C. 售后服务　　　D. 前台服务

3. 同一个服务人员,在不同的时间、不同的场合,面对不同的乘客,其服务态度和服务方式会有不同的表现,这体现了服务的(   )。

   A. 无形性　　　B. 差异性　　　C. 不可分离性　　　D. 不可存储性

4. 乘客到达车站后的问询服务、自助查询服务和导向服务等属于(   )。

A. 售前服务　　　B. 售中服务　　　C. 售后服务　　　D. 前台服务

5. 一种不骄不躁、处变不惊的平常心态指的是（　　）。

A. 执着心态　　　B. 空杯心态　　　C. 积极心态　　　D. 阳光心态

6. 城市轨道交通列车运行途经的车站属于（　　）。

A. 始发站　　　　B. 中间站　　　　C. 换乘站　　　　D. 终点站

二、填空题

1. _____就是本着诚恳的态度，为别人着想，为别人提供方便或帮助。

2. _____是企业全体员工在与一切企业利益相关的人或企业的交往中所体现的为其提供的一种热情、周到、主动的服务欲望和意识。

3. 按提供服务的主体划分，可以将服务分为_____和_____。

4. 城市轨道交通客运服务的基本内容包括_____、_____、_____、_____、_____、_____六个部分。

5. _____是指城市轨道交通运营单位通过设置引导标志、进行站内广播、提供人工服务等方式，引导乘客正确乘坐轨道交通列车并顺利到达目的站的活动。

6. _____是指城市轨道交通运营单位为了保障乘客的生命财产安全，安排专人对乘客及其携带的物品进行安全检查的活动。

7. 服务人员应履行_____制。

8. _____是指职业内在的规范和要求，是在职业过程中表现出来的综合品质，包含职业道德、职业意识、职业心态、职业技能、职业行为和职业作风等内容。

9. 职业素养的三大核心分别是_____、_____与_____。

三、判断题

1. 前台服务是服务的核心部分，运营企业必须高度重视。（　　）

2. 应急服务应以保障人身安全为首要目标。（　　）

3. 城市轨道交通运营单位应以乘客的视角为基准，衡量城市轨道交通客运服务质量。（　　）

4. 城市轨道交通应配备站内及车厢监控设备，公共区域的监控设备应做到重点通道区域、客流密集区域、站台候车区域的全覆盖。（　　）

5. 非突发情况下的列车越站，运营单位应至少提前3站告知受影响的乘客。（　　）

6. 因个人原因离岗8个月的服务人员可直接归岗。（　　）

7. 当服务人员疑似感染或已感染极具传染性疾病时，不应为乘客提供服务。（　　）

8. 职业行为习惯是一个成功职业人必须具备的核心素养。（　　）

四、简答题

1. 简述服务的特征。

2. 简述客运服务人员的服务用语要求。

3. 简述服务行为要求。

4. 简述城市轨道交通职业道德的内容。

5. 简述职业道德修养提升的方法。

第二章
城市轨道交通客运服务设施设备

📄 内容导读

为了给乘客提供优质的服务,城市轨道交通客运组织应当在车站内设置必要的客运服务设施设备和服务标志,并保证乘车环境的干净、整洁、舒适和美观。

城市轨道交通客运服务设施设备可为乘客提供必要的乘车信息,可使乘客的购票、咨询、检票、换乘等活动更加便利;而特色鲜明、干净卫生的乘车环境有利于改善乘客的乘车体验,提高乘客对城市轨道交通客运服务的好感度。

本章主要介绍城市轨道交通客运服务设施设备相关知识,具体包括城市轨道交通客运服务设施设备设置、城市轨道交通车站服务设施设备巡视。

📄 知识目标

(1)认识城市轨道交通客运服务标志。
(2)熟悉城市轨道交通通行设施设备、票务设施设备、导乘设施设备、问询服务设施设备、照明设施设备、列车设施设备、安全设施设备和其他设施设备。
(3)了解城市轨道交通车站环境和车厢环境。
(4)熟悉巡视制度与巡视要点。
(5)掌握巡视记录本的填写。

📄 能力目标

(1)能够根据所学知识清楚地向乘客介绍城市轨道交通的各类设施设备。
(2)能够根据巡视制度和巡视要点进行车站服务设施设备的巡视工作。
(3)能够在工作中时刻注意维护车站环境和车厢环境。

📄 素质目标

(1)培养严谨的工作态度。
(2)培养良好的服务意识与安全意识。

第一节
城市轨道交通客运服务设施设备设置

案例导入：让人误解的客运服务标志

地铁值班员小李在一次值班巡查中发现，一位外国乘客在地铁站入口处将自己背包内的东西全部拿在手上，并将背包递给送行的朋友，然后听到这位外国乘客用英文在抱怨："为何地铁站不让人把东西装进背包？很不人性化！"

小李感到很奇怪，明明地铁站没有规定禁止背包，于是小李主动询问该名乘客事情经过。经过一番对话，小李才知道，这名外国乘客是看到了地铁站入口处"禁止乞讨"的标志，而该标志最近才更换，其英文翻译出现了错误，将"No begging"写成了"No bagging"。

小李连忙向这名外国乘客解释并道歉，同时表示会及时向有关部门进行反馈。

思考：（1）除了禁止标志以外，还有哪些客运服务标志？
（2）客运服务标志设置的要求有哪些？

服务设施及设备的布置和运行应与设计或验收标准保持一致，并应符合 GB/T 38707（《城市轨道交通运营技术规范》）的要求；服务设施布置和运行的调整变化不应降低服务水平和减少服务内容，不应随意减少服务场所的面积和使用空间；在设施设备使用年限内应满足正常使用的安全性、可靠性、可用性和可维护性要求，建立消除安全隐患的定期评估机制；自动售检票、乘客信息系统等设施设备应实现系统互联互通、兼容共享，车辆宜实现兼容共享，设施设备宜采用推广节能、互联网及智能化技术等新技术，以及易于维护、更新等的技术和措施。

一、客运服务标志设置

客运服务标志设置要求如下：

（1）标志的图形符号、标志形状、颜色和设置要求应符合 GB/T 18574（《城市轨道交通客运服务标志》）的要求，安全标志还应符合 GB/T 2893（《图形符号 安全色和安全标志》）、GB 2894（《安全标志及其使用导则》）、GB/T 10001.3（《公共信息图形符号 第3部分：客运货运符号》）、GB 13495.1（《消防安全标志 第1部分：标志》）、GB 15630（《消防安全标志设置要求》）的有关要求。

（2）城市轨道交通车站内应有完善的客运服务标志。标志应醒目、信息易辨、设置合理、引导连续、系统整体，使用和管理方便，不被其他设施遮挡和遮盖。

（3）车站入口内应张贴禁止携带物品进站乘车的目录，宜张贴限制携带物品进站乘车的目录。

（4）车站和列车内配备的优先座椅和轮椅摆放位等应设置醒目、清晰的无障碍设施位置标志。

（5）在城市轨道交通车站外 800 米范围内提供清晰、明确、设置合理、引导连续和统一的城市轨道交通导向标志。

（6）导向标志应实现明晰有效的客流路径引导，满足不同交通方式之间的换乘引导需求。

（7）车站公共区以及与车站相连物业公共区应在显著位置设置导向标志。

（8）车站客流组织发生变化，应立即设置临时性标志疏导客流。

（9）在站台、站厅、出入口、疏散通道、区间、列车车厢及其他客运场所应设置安全标志。站台和车厢紧急停车装置、车站和车厢消防报警装置旁边应设置明显的标志、使用说明和警示。

（10）列车上应有各种安全标志，包括车门防夹警示、车门防倚靠警示、紧急报警提示、车门紧急解锁操作提示、消防设备标志等。

（一）安全标志

安全标志是指用有颜色的几何图形表达通用的安全信息，并用附加图形符号表达特定安全信息的标志。城市轨道交通安全标志应包括禁止标志、警告标志、消防安全标志和提示标志。

1. 禁止标志

禁止标志是对乘客行为加以禁止或限制的标志。禁止标志的背景色为白色，圆形条带和斜杠为红色，图形符号为黑色。常见的禁止标志有禁止携带危险品进站、禁止吸烟标志、禁止饮食标志等，如图2-1所示。

图 2-1　禁止标志

2. 警告标志

警告标志是指警告乘客注意危险的标志。警告标志的形状为顶角向上的等边三角形，背景色为黄色，三角形条带和图形符号为黑色，常见的警告标志有小心站台间隙标志、小心夹手、小心触电等，如图2-2所示。

图 2-2　警告标志

3. 消防安全标志

消防安全标志由安全色、几何图形、表示特定消防安全信息的图形符号构成。常见的消防安全标志包括火灾报警装置标志、灭火设备标志、紧急疏散逃生标志等，如图2-3所示。

4. 提示标志

提示标志是指提示乘客安全避险的标志。提示标志的背景色为绿色，图形符号为白色。常见的提示标志包括紧急出口标志、小心台阶标志、小心地滑标志等，如图2-4所示。

图 2-3　消防安全标志

图 2-4　提示标志

（二）导向标志

导向标志是指由图形标志和文字标志与箭头符号组合而成，用于指示通往目的站的路线的公共信息标志。常见的导向标志有站外导向标志，乘车、换乘导向标志，客运服务设施导向标志，检（验）票设施导向标志，站台导向标志，列车运行方向导向标志，出站导向标志，公共服务设施导向标志等。

1. 站外导向标志

站外导向标志设置要求如下：

（1）宜在轨道交通车站周边 500 米左右范围内的公交车站、商业设施、交叉路口等人流密集的地点连续设置。

（2）站外导向标志信息内容应包括箭头和城市轨道交通位置标志；宜包括线路名称及线路标志色和车站名称；可包括距车站的距离等。

（3）站外导向标志中的城市轨道交通位置标志应符合相关国家现行标准的规定，不得使用企业徽标代替。

2. 乘车、换乘导向标志

乘车、换乘导向标志的设置要求如下：

（1）乘车导向标志应设置在车站出入口、通道、站厅等通往站台通行区域的相应位置。换乘导向标志应设置在换乘站台通往目的站台通行区域的相应位置。当通行区域行程大于 30 米时，宜重复设置。

（2）地面或侧墙上的附着式乘车、换乘导向标志可作为辅助导向标志，其颜色应使用线路标志色。

（3）乘车、换乘导向标志信息内容应包括箭头、线路名称及线路标志色；宜包括文字注释等。如图 2-5、图 2-6、图 2-7 所示。

3. 客运服务设施导向标志

客运服务设施导向标志的设置要求如下：

（1）自动售票机、自动查询机、自动充值机、乘客服务中心、自动扶梯、自动步道、楼梯、升降梯等导向标志应设置在乘客通往该设施的通行区域的相应位置。

图 2-5　乘车导向标志

图 2-6　乘车、换乘导向标志示意图

图 2-7　换乘、出站导向标志示意图

（2）自动扶梯、自动步道、楼梯、升降梯等导向标志可与乘车、换乘、出站导向标志组合。

（3）客运服务设施导向标志信息内容应包括箭头、图形符号；可包括文字注释等。如图 2-8、图 2-9 所示。

图 2-8　售票设施导向标志

图 2-9　自动扶梯、楼梯、升降梯导向标志

4. 检（验）票设施导向标志

检（验）票设施导向标志的设置要求如下：

（1）检（验）票设施导向标志可根据实际运营需要选择设置。

（2）需要检（验）票设施导向标志时，该标志应设置在站厅非付费区的乘客通往自动检（验）票设备或人工检（验）票口的通行区域的相应位置。

图 2-10　检（验）票设施导向标志

（3）检（验）票设施导向标志信息内容应包括箭头、文字注释等，如图 2-10 所示。

5. 站台导向标志

站台导向标志的设置要求如下：

（1）站台导向标志应设置在乘客通往站台的通行区域的相应位置。

（2）站台导向标志信息内容应包括箭头、列车行进方向的文字注释；可包括线路名称及线路标志色等。如图 2-11 所示。

图 2-11　站台导向标志

6. 列车运行方向导向标志

列车运行方向导向标志的设置要求如下：

（1）列车运行方向导向标志应根据站台形式和结构设置在站台的侧墙、立柱或屏蔽门或站台边缘上方等位置。

（2）站台上用于列车内乘客视读的列车运行方向导向标志设置的位置应使乘客都能够透过车窗视读。

（3）列车运行方向导向标志信息内容应包括箭头、下一站站名、本站站名；宜包括线路标志色；可包括上一站站名。如图 2-12、图 2-13 所示。

图 2-12　列车运行方向导向标志 1

图 2-13　列车运行方向导向标志 2

（4）本站站名的字号应大于下一站站名和上一站站名的字号，下一站站名宜比上一站站名醒目。

7. 出站导向标志

出站导向标志的设置要求如下：

（1）出站导向标志应设置在站台通往出入口的通行区域的相应位置。当通行区域行程大于 30 米时，可重复设置。

（2）出站导向标志信息内容应包括箭头、出入口编号；宜包括车站周边信息、文字注释、方位。如图 2-14、图 2-15 所示。

图 2-14　出站导向标志 1

8. 公共服务设施导向标志

公共服务设施导向标志的设置要求如下：

（1）卫生间、公共电话、信息查询机、警务室等导向标志应设置在乘客通往该设施的通行区域的相应位置。

（2）公共服务设施导向标志信息内容应包括箭头、图形符号；可包括文字注释等。如图2-16所示。

图2-15　出站导向标志2

图2-16　卫生间导向标志

（三）位置标志

位置标志是指由图形标志和（或）文字标志形成，用于标明服务设施设备或服务功能区所在位置的标志。常见的位置标志包括城市轨道交通位置标志、车站位置标志、客运服务设施位置标志、检（验）票设施位置标志、站台站名标志、车门位置标志、出口位置标志、公共服务设施位置标志等。

1. 城市轨道交通位置标志

城市轨道交通位置标志的设置要求如下：

（1）城市轨道交通位置标志应设置在车站出入口的醒目位置。

（2）城市轨道交通位置标志信息内容应包括表示城市轨道交通的图形，可包括文字注释等。

（3）城市轨道交通位置标志中表示城市轨道交通的图形应符合相关国家标准的规定，不得用企业徽标代替。

（4）在城市轨道交通位置标志中增加企业徽标时，表示城市轨道交通的图形应布置在主要位置，企业徽标应布置在次要位置；企业徽标的面积不得大于表示城市轨道交通的图形面积的三分之一。

2. 车站位置标志

车站位置标志的设置要求如下：

（1）车站位置标志应设置在车站出入口的醒目位置。

（2）车站位置标志信息内容应包括车站名称、线路名称及线路标志色；宜包括出入口编号、文字注释等。如图2-17所示。

（3）车站位置标志可与城市轨道交通位置标志组合设置。

图 2-17 车站位置标志

3. 客运服务设施位置标志

客运服务设施位置标志的设置要求如下：

（1）自动售票机、自动查询机、自动充值机、乘客服务中心、升降梯等位置标志应设置在相应设施的上方或附近位置。

（2）客运服务设施位置标志信息内容应包括图形符号、文字注释，如图 2-18 所示。

图 2-18 乘客服务中心位置标志

4. 检（验）票设施位置标志

检（验）票设施位置标志的设置要求如下：

（1）检（验）票设施位置标志宜设置在检（验）票设施的上方。

（2）根据运营需要改变检（验）票设施闸口的出/入状态时，检（验）票设施位置标志应能随之显示各闸口的出/入状态。

（3）在发生紧急情况时，检（验）票设施位置标志显示闸口出/入状态信息应与乘客疏散方向一致。

（4）检（验）票设施位置标志信息内容应包括图形符号或文字注释，如图 2-19 所示。

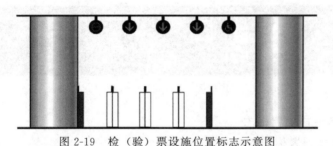

图 2-19 检（验）票设施位置标志示意图

（5）轮椅通路宜使用无障碍图形符号。

5. 站台站名标志

站台站名标志的设置要求如下：

（1）站台站名标志应根据站台形式和结构设置在站台的上方、侧墙、站柱等位置。

（2）用于列车上的乘客视读的站台站名标志的设置位置应能够使乘客透过车窗视读。

（3）站台站名标志信息内容应包括本站站名；宜包括线路标志色等。如图 2-20 所示。

图 2-20 站台站名标志

6. 车门位置标志

车门位置标志的设置要求如下：

(1) 车门位置标志应设置在站台的列车停车后车门所在位置的地面或屏蔽门上。
(2) 车门位置标志信息内容应包括图案；宜包括箭头图形符号。
(3) 车门位置标志设置在地面时，应设置在站台安全线以内；引导乘客上下车箭头方向应表示中间下车，两侧上车。如图 2-21 所示。

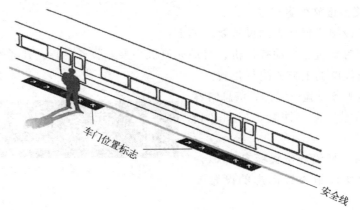

图 2-21　车门位置标志示意图

7. 出口位置标志

出口位置标志的设置要求如下：
(1) 出口位置标志应设置在车站出入口内的相应位置。
(2) 出口位置标志信息内容应包括出入口编号、文字注释；宜包括周边地理信息、方位。如图 2-22 所示。

图 2-22　出口位置标志

8. 公共服务设施位置标志

公共服务设施位置标志的设置要求如下：
(1) 卫生间、公共电话、信息查询机、警务室等位置标志应设置在相应设施的上方位置。
(2) 公共服务设施位置标志信息内容应包括公共服务设施图形符号；可包括文字注释。

（四）综合信息标志

综合信息标志包括运营时间标志、轨道交通线路网络图、线路图、票价表（图）、站内示意图、车站所在街区导向图、实时运营信息、公告等，可以为乘客提供大量的城市轨道交通相关信息。

1. 运营时间标志

运营时间标志的设置要求如下：

笔记

（1）运营时间应包括本站首末车时间、本站开关门时间。在城市轨道交通形成网络运输后，轨道交通运营时间表上还应包括轨道交通线路运营时间。如图 2-23、图 2-24 所示。

（2）本站首末车时间、开关门时间、轨道交通线路运营时间表宜设置在车站的出入口等适当位置。

（3）轨道交通线路运营时间宜设置车厢等处。

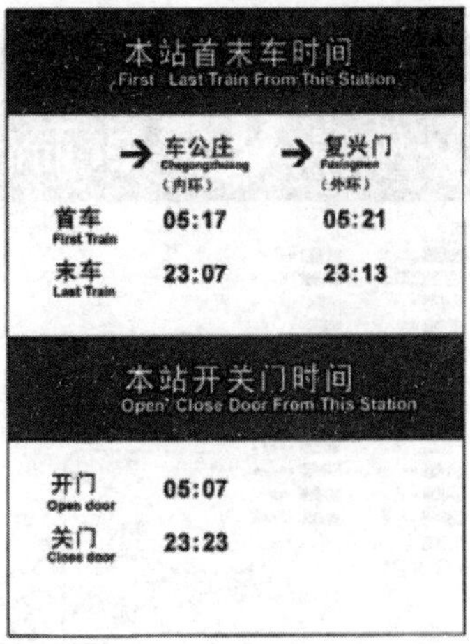

图 2-23 本站首末车时间、开关门时间

2. 轨道交通线路网络图

轨道交通线路网络图的设置要求如下：

（1）轨道交通线路网络图宜设置在车站的出入口内、通道、售票机（处）、站台、车厢等适当位置。

北京地铁线路运营时间表

	始发站 → 终点站	途　经	首班车	末班车
1	苹果园 → 四惠东	五棵松　复兴门　建国门	5：10	22：55
	四惠东 → 苹果园	国贸　天安门　公主坟	5：05	23：15
2	西直门（外环）	北京站　积水潭　西直门	5：10	22：16
	西直门（外环）	北京站　东直门　积水潭	5：10	23：00
	积水潭（内环）	北京站　复兴门　积水潭	5：03	22：01
	积水潭（内环）	北京站　复兴门　西直门	5：03	22：45
13	西直门 → 东直门	上地　回龙观　望京西	6：00	21：30
	西直门 → 霍营	知春路　上地　回龙观		22：30
	东直门 → 西直门	望京西　回龙观　上地	6：00	21：30
	东直门 → 霍营	光熙门　望京西　立水桥北		22：30
BT	四惠 → 土桥	广播学院　通州北苑　梨园	6：00	22：45
	土桥 → 四惠	梨园　八里桥　管庄　广播学院	5：20	22：05

图 2-24 轨道交通线路运营时间

（2）轨道交通线路网络图中的各条线路应使用标志色。

（3）轨道交通线路网络图中可突出标注本站，图中的换乘车站应区别于非换乘车站，如图 2-25 所示。

3. 线路图

线路图的设置要求如下：

（1）宜设置在车站的出入口内、通道、售票机（处）、站台、车厢等适当位置。

（2）线路图中的各条线路应使用标志色。

（3）线路图中应突出标注本站，图中的换乘车站应区别于非换乘车站，如图 2-26 所示。

（4）站台上合车厢里的线路图可与列车运行方向标志结合。

4. 票价表（图）

票价表（图）的设置要求如下：

（1）票价表（图）应设置在售票机（处）附近。

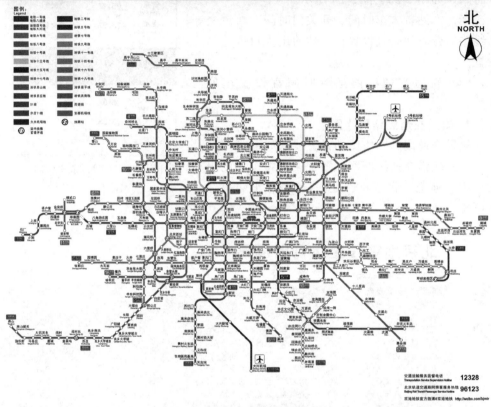

图 2-25　轨道交通线路网络图

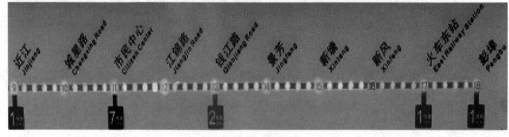

图 2-26　线路图

（2）实行计程票价制时，票价表（图）应突出标注出本站，并标注从本站到达各站的票价。

5. 站内示意图

站内示意图的设置要求如下：

（1）站内示意图应设置在车站的站厅、站台等适当位置。

（2）站内示意图应提供车站功能区域分布、服务设施分布等信息。

（3）站内示意图应标注乘客的当前位置。

（4）站内示意图中信息的方位应与乘客所在位置的实际场景一致，如图 2-27 所示。

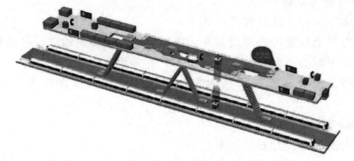

图 2-27 站内示意图

6. 车站所在街区导向图

车站所在街区导向图的设置要求如下：

（1）车站所在街区导向图宜设置在站台和站台通往出入口的通行区域的适当位置。

（2）车站所在街区导向图应包括车站周边道路、主要公共服务机构、著名景区、轨道交通与其他交通工具换乘等重要信息。

7. 实时运营信息

实时运营信息的发布要求如下：

（1）实时运营信息宜在站台、车厢等处发布。

（2）发布的实时运营信息宜包括全线运营信息、车站运营信息、列车运营信息等。

8. 公告

公告的设置及发布要求如下：

（1）公告宜设置在出入口、通道、站厅、站台、车厢等适当位置。

（2）公告宜发布乘客在轨道交通公共场所应注意的事项、通知等信息。

（五）无障碍标志

无障碍标志包括无障碍设施导向标志、无障碍设施位置标志以及视觉障碍者标志。

1. 无障碍设施导向标志

无障碍设施导向标志的设置要求如下：

（1）无障碍设施导向标志应设置在通往无障碍设施（无障碍通路、自动检票机轮椅通路、升降梯、专用厕所、列车轮椅席等）的通行区域的相应位置。

（2）无障碍设施导向标志信息内容应包括箭头、无障碍设施图形符号；可包括文字注释等。如图 2-28 所示。

图 2-28 专用电梯导向标志

2. 无障碍设施位置标志

无障碍设施位置标志的设置要求如下：

（1）无障碍设施位置标志应设置在无障碍设施（无障碍通路、自动检票机轮椅通路、升降梯、专用厕所、列车轮椅席等）的上方等相应位置。

（2）无障碍设施位置标志信息内容应包括无障碍设施图形符号；可包括文字注释。

3. 视觉障碍者标志

视觉障碍者标志的设置要求如下：

（1）车站出入口至站台候车处应连续铺设用于引导视觉障碍者步行的盲道；合理设置行进盲道和提示盲道，以利于有视觉障碍的乘客顺利、安全地完成进站—乘车—出站的全过程。

（2）盲道的设计应符合 GB 50763 的规定。

（3）车站出入口、站厅、站台、楼梯扶手的起点和终点、列车内车门等处应设置盲文触摸信息牌，可设置声音提示等信息装置。

（4）盲文应符合 GB/T 15720 的规定。

（5）轨道交通线路各车站的视觉障碍者专用标志的设置位置应尽可能一致，以利于视觉障碍者掌握设置规则，帮助他们发现和使用此标志。

二、通行设施设备设置

城市轨道交通的通行设施设备主要包括车站出入口、车站通道、站厅、站台、自动扶梯、垂直电梯、站台门等。其设置要求如下：

（1）车站出入口、步行梯、通道、站厅、站台等场所应通畅，地面应保证完好、平整、防滑。

（2）自动扶梯、电梯、轮椅升降机等乘客输送设施应安全、可靠、运行平稳。自动扶梯和电梯运行时间应与车站运营时间同步。

（3）站台门应保证安全可靠、状态完好。站台门发生故障无法关闭时，应安排专人值守，做好安全防护；无法打开时，应通过广播等方式通知乘客，引导乘客从其他站台门上下车；出现大面积故障时，应及时采取相应措施，并及时通知乘客，引导乘客出行。

（4）自动扶梯应有明确的运行方向指示。自动扶梯或电梯发生故障时，应立即停止使用，放置安全护栏等设施，引导乘客采用其他方式通行。

（一）车站出入口

车站出入口一般位于道路红线两旁或城市广场周边。为了吸引客流和方便乘客，车站出入口附近会设置明显的引导标志。车站出入口的设置原则如下：

（1）车站出入口应尽量与公交站、出租车停靠点等地面交通站点相邻，以形成良好的市内公共交通换乘体系。

（2）车站出入口设置一般在比较明显的位置，以便乘客识别。

（3）单独设置的车站出入口一般位于道路两侧、十字路口或人流量较大的广场附近。

(4) 车站出入口必须远离存放危险物品的建筑物并远离污染源。

(5) 车站出入口与建筑物之间的距离应符合消防安全规定。

(6) 车站出入口应设置遮雨棚、自动扶梯和楼梯等设施设备。

(7) 车站出入口的空间大小必须满足高峰时段客流集散的需求,以免出现拥堵现象。

(8) 车站出入口可与城市过街地道、天桥、地下广场或其他邻近建筑物相结合,以便乘客进出、降低建筑施工成本。

知识链接:道路红线

道路红线(road boundary line)指规划的城市道路(含居住区级道路)用地的边界线。道路红线内包括了机动车道、非机动车道、绿化隔离带以及人行道,在红线内不允许建任何永久性建筑。

(二)车站通道

1. 车站通道的设置原则

车站通道包括从车站出入口到站厅的通道、换乘通道、从站厅到站台的通道等。设计车站通道时,应以乘客流动线路为主要依据,合理规划车站通道,最大限度缩短乘客在通道中通行的距离。车站通道的设置原则如下:

(1) 车站出入口与站厅相连的通道,长度不宜超过100米,如超过100米,应当设置能够满足消防疏散要求的设施设备(如灭火器、紧急通道等)。

(2) 车站通道应既短且直,不宜有过多的弯折处。若必须设置弯折处,则其弯折角度应大于或等于90度。

(3) 车站通道内应设置必要的照明设备和通风设备。

(4) 在通道内设置广告牌时,广告牌不能阻碍乘客的正常通行。

(5) 车站通道内应设置一定数量的摄像头,以便工作人员监控车站通道的情况。

2. 车站通道楼梯的设置

从立体结构上来说,城市轨道交通车站大多为两层或三层,在相邻层之间都会设置楼梯。

车站通道楼梯的倾角一般为26度。其中,单向通行楼梯的宽度不宜小于1.8米,双向通行楼梯的宽度不宜小于2.4米。当楼梯宽度大于3.6米时,应在楼梯中间设置扶手。

车站通道楼梯上不应堆放物品,以免阻挡乘客正常上下楼梯。楼梯台阶的宽度通常为30厘米左右,高度通常为15厘米左右。车站通道楼梯的每个梯段不应超过18级,不应少于3级,每两个梯段之间应增设宽度为1.2~1.8米的休息平台。

设备、管理区房间单面布置时,疏散通道宽度不应小于1.2米;双面布置时,不应小于1.5米。区间风井内的疏散楼梯及消防专用通道的宽度,不应小于1.2米。乘客出入口通道的疏散路线应各自独立,不得重叠,也不得设置尽端式袋形走道、门槛和有碍疏散的物体。当两出入口汇集合用同一个疏散通道出地面时,应视为一个安全疏散口。

（三）站厅

站厅位于车站出入口和站台之间。乘客在站厅内可以享受到城市轨道交通客运组织提供的票务服务、安检服务、闸机服务、厅巡服务等。

根据站厅不同区域的功能划分，站厅可分为设备区和公共区。设备区设置有设备用房和管理用房。公共区是乘客集散的区域，主要分为非付费区和付费区两部分。其中，非付费区是乘客在检票之前可以自由进出的区域，该区域设有售票亭、咨询台、安检设备、小商店、公用电话、自动取款机等设施设备，主要供乘客购票、消费或短暂停留。付费区是检票区域与通过检票后才能进入的区域，该区域设有闸机、楼梯、无障碍电梯等设施设备，主要供乘客验票与换乘。

（四）站台

站台是指车站内与列车线路相邻，供列车停靠、乘客候车与上下车的平台，一般应设置成直线形式。

站台可分为设备区和公共区。站台的两端一般为设备区，中间为公共区。设备区设有设备用房和管理用房，公共区一般设有站台监控亭、座椅、立柱、列车到发信息提醒设备等设施设备。

（五）自动扶梯

自动扶梯是带循环运行梯级，服务于车站规定楼层的向上或向下倾斜运送乘客的电力驱动设备。具有运送能力强、可根据需要调整运行方向、断电后可作为普通楼梯使用等优点。它是城市轨道交通车站通道的重要组成部分，具有在短时间内连续运送大量乘客的作用。

自动扶梯车站出入口若不受提升高度的限制，均应设置上、下行自动扶梯。站厅层与站台层之间，一般宜设上、下行自动扶梯。

一般情况下，自动扶梯采取30度倾角，两台相对布置的自动扶梯工作点间距不得小于16米；扶梯工作点至前面影响通行的障碍物间距不得小于8米；扶梯与楼梯相对布置时，自动扶梯工作点至楼梯第一级踏步的间距不得小于12米。

（六）垂直电梯

在多层结构的轨道交通车站里，电梯主要供一些特殊乘客（如老、幼、病、残、孕等不便走楼梯或乘自动扶梯的乘客或携带大件行李的乘客）使用。

车站垂直电梯按乘客进出动线设置在出入口、站厅层和站台层，原则上每个车站至少有一个出入口必须设置一台垂直电梯，便于特殊乘客出入。应满足以下几点要求：

（1）电梯操作装置易于识别且便于操作。

（2）当发生紧急情况时，电梯能自动运行到站台层并打开电梯门。

（3）电梯轿厢内设有专门的通信设备，以便乘客在发生紧急情况时联系电梯控制室的工作人员。

（4）采用玻璃墙作为电梯的外墙，以提高电梯轿厢内的透明度。

（5）电梯轿厢深度不小于1.4米，宽度不小于1.6米。

（6）电梯门的开启净宽应不小于0.8米。

（7）在电梯轿厢的正面和侧面设置高度约为0.8米的扶手。

知识链接：电梯应急按钮

1. 扶梯紧急停梯按钮

电扶梯在地铁里随处可见，当扶梯发生紧急情况或危及人身安全时，请迅速果断按下此按钮，扶梯会立即停止运行，车站工作人员也会在第一时间赶赴现场处理。

设置位置：每台扶梯上下端各一处，长大扶梯在中部另设一个。

扶梯使用注意事项：

（1）上扶梯前，确定扶梯运行方向，避免踏反。

（2）穿长裙子或手提物品乘坐扶梯时，请留意裙摆和物品，谨防被卡/挂住。

（3）紧握扶手，双脚稳站在梯级内，不要靠在扶梯两边挡板或倚在扶手上。

（4）下了扶梯尽快前行，不要在梯口停留，切忌一直低头看手机。一旦发生意外情况，请立即按下扶梯紧急停梯按钮，如图2-29所示。

图2-29 扶梯紧急停梯按钮

2. 无障碍电梯求助按钮

当乘坐无障碍电梯发生紧急情况时可按下此按钮，车站工作人员会通过对讲实时与乘客联系，并在第一时间赶至现场为乘客排忧解难，及时给予帮助。

设置位置：电梯楼层按钮旁（图2-30）。

图2-30 无障碍电梯求助按钮

请注意，发生紧急情况时请保持冷静，轿厢内依然保持通风状态，为了保证安全，切勿乱动设施设备。

（七）站台门

站台门是指将站台与列车运行区域隔开，并通过控制系统自动开闭的设备。按封闭形式划分，站台门可分为闭式和开式。闭式站台门又称屏蔽门，是指将站台与列车运行区域完全隔开的站台门，是最常用的一种；而开式站台门只是将站台与列车运行区域部分隔开，并未形成两个完全独立的空间。

三、票务设施设备设置

票务设施设备主要包括自动售票机、半自动售票机、自动检票机等。其设置要求如下：

（1）票务设施应布局合理、满足通过能力和客流疏散要求。
（2）售检票设施应安全可靠、状态完好。
（3）每个售票点正常运行的自动售票机不应少于2台。
（4）车站售票类设施设备应支持现金和移动支付方式。
（5）每组进出站自动检票机群正常使用的通道不应少于2个。
（6）自动检票机应能识别实体票、信用票等车票形式，具备移动支付检票功能。
（7）自动售票机上或附近应有醒目、明确、详尽的操作说明。
（8）当票务设施发生故障无法使用时，应有明显的标志引导乘客使用其他可用设施；大面积故障时，应增加人工售检票通道。紧急疏散时，检票机阻挡装置应全部处于释放状态。

（一）自动售票机

自动售票机设于车站的非付费区，用于乘客自助式购票。它能够接收限定面额的纸币和硬币，并能自动出票和找零。自动售票机接收和执行车站计算机的控制命令，存储交易数据、工作状态记录和运营参数，通过网络，实时上传工作状态和交易数据到车站计算机以及中心计算机。

（二）半自动售票机

半自动售票机是自动售检票系统中业务功能较为齐全的终端设备。它用于人工辅助发售、赋值有效车票，具备补票、退票、查询、更新等票务处理功能。

（三）自动检票机

自动检票机设置在车站付费区和非付费区的分界处，用于检验车票的有效性、上传交易信息、乘客自助检票通行等，附近通常设有无障碍通道，以便有需要的乘客顺利通过。

四、导乘设施设备设置

导乘设施设备主要包括乘客信息系统、广播设备等。其设置要求如下：

（1）车站应有乘客信息系统，提供及时、清晰、有效的乘车、出站和疏散信息。

（2）乘客信息系统终端显示设备的布置应与照明灯具协调，安装应避开眩光和视线遮挡。

（3）站台应设置醒目、画面清晰、准确可见的乘客信息系统终端显示设备。其他位置终端显示设备应画面清晰、信息准确。

（4）车站的广播设施应具备集中广播和分区广播的功能。自动广播发生故障时，应能够进行人工广播。

（5）广播设施应音质清晰、音量适中、不失真。

（6）车站内信息显示设施应设置在站台、站厅等乘客易于发现的位置。

（一）乘客信息系统

乘客信息系统（Passenger Information System，PIS）是指在车站内为乘客提供客运服务信息的设备的总称。乘客信息系统可以通过 PIS 电子显示屏，准确地发布本次列车到达时间、下次列车到达时间、列车开行方向等信息；并在发生突发事件时，及时提供紧急信息，以帮助疏导乘客；通过查询机触摸屏，乘客可以自行查询换乘信息、车站周边情况、广告、新闻、政府公告等资讯。

（二）广播设备

广播设备是指设置在车站通道、站厅、站台等场所的喇叭、音箱等设备。城市轨道交通客运服务人员可通过广播设备及时向乘客播报乘车信息、注意事项，以引导乘客顺利乘车；还能够播放音乐改善候车环境；同时，在出现故障等非正常情况下通报行车和客运安排，组织、疏导、安抚乘客有序乘降列车，及时疏散车站人员，紧急召唤检修、抢修人员加快事故处理进程。

五、问询服务设施设备设置

城市轨道交通车站问询服务设施设备包括乘客服务中心与自助信息查询设备。

城市轨道交通车站应设置乘客服务中心。乘客服务中心宜设置在站厅层付费区与非付费区之间，具备票务处理、信息问询等功能。

此外，城市轨道交通车站宜配备自助信息查询设备。自助信息查询设备应性能可靠、操作简单、指示明确、状态完好，能够自动回答常见问题。

六、照明设施设备设置

车站照明按其不同用途分工作照明、节电照明、事故照明、标志照明、广告照明和应急照明等。应急照明通常由蓄电池提供，在车站工作照明发生故障时，为疏散乘客提供必要的照明条件。照明设施设备设置要求如下：

（1）车站正常照明和应急照明设施应状态完好。正常照明应采取节能措施，并持续改进。应急照明应具备应急电源。

（2）车站地面的安全疏散指示标志应采用内置灯具照明方式，运营服务类和公共服务类公共信息导向系统可采用外置光源照明方式。

(3) 照明设施的设置、性能等应符合 GB/T 16275 的要求。

七、列车设施设备设置

列车设施设备分为列车客室服务设施设备与列车应急设备。其设置要求如下：

(1) 列车上的座椅、扶手等设施应安全可靠，车辆连接处应采取保障乘客安全的措施，安全标志、引导标志应清晰有效。

(2) 客室车窗应采用一旦发生破坏时其碎片不会对人造成严重伤害的安全玻璃。

(3) 客室地板应防滑，客室结构不应有尖角或突出物。

(4) 列车上应至少设置一处供轮椅停放的位置，应有乘轮椅者适用的抓握或固定装置。

(5) 列车上的空调、采暖、通风，照明、闭路电视（监控用）、广播信息等设备应保持状态完好，并按规定开启。

(6) 列车车身外侧或站台宜设置 LED 运行信息显示。

（一）列车客室服务设施设备

列车客室服务设施设备一般包括座椅、吊环、吊杆、立杆、电视、广播设备、轨道交通运行线路示意图等。城市轨道交通组织应定期维护列车客室服务设施设备，保证各类设施设备的功能正常，为乘客提供优质的客运服务。

（二）列车应急设备

列车上应设置应急设备，并保证应急设备有效。此外，还应在应急设备附近设置醒目的安全标志和操作引导。常见的应急设备包括紧急停车按钮、紧急解锁装置、安全锤、紧急对讲按钮等。上述应急设备不能随意使用，当遇到涉及生命危险的紧急情况时才可以使用。

1. 紧急停车按钮

在地铁各站点的候车通道里，都设置有紧急停车按钮，只有发生紧急情况，如列车夹人夹物或其他危及人身及行车安全时才可使用。

设置位置：站台两侧墙壁上（图 2-31），靠近列车车头车尾两侧，每一个方向设置 2 个。

图 2-31 紧急停车按钮

请注意，一旦此按钮按下，列车将立即停车或无法动车，非紧急情况切勿乱动此设备，违者将交由轨道公安依法处置。

2. 紧急解锁装置

在列车车门旁设有一个紧急解锁旋钮，这是在遇到火灾等突发事件时，供工作人员或乘客从车厢内部开门的，操作前需拉开紧急解锁装置盖板。在列车运行时为保障人员安全，操作此旋钮无法打开车门，操作后列车会自动停车，停车后方可操作。

设置位置：车厢内两侧，每组车门设一个紧急解锁装置，如图 2-32 所示。

 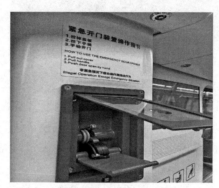

图 2-32　紧急解锁装置

当列车处于静止状态时，只需要将车门紧急解锁上的透明片扯掉，打开红色盖板，用力将里面红色的把手拉下，这时车门将会弹开一个间隙，只需要用手轻轻向左右推开就能打开车门了。请注意，此装置影响正常行车，非特殊情况请勿擅自操作。

3. 安全锤

用于紧急情况下（如恐怖袭击、水淹隧道、火灾、隧道塌方等）击碎车窗玻璃逃生。当发生此类情况时，可从客室座椅上方打开安全锤保护罩，取出安全锤后击碎玻璃。

设置位置：列车客室左右两侧座椅上方或者车厢两端处，每节车厢 2 个，如图 2-33、图 2-34 所示。

图 2-33　列车客室左右两侧座椅上方安全锤

请注意，禁止乘客擅自操作，乘客非法操作安全锤将按章处理。

笔记

图 2-34　列车车厢两端处安全锤

4. 紧急对讲按钮

紧急对讲按钮用于车厢内有异常/紧急情况下（如乘客晕倒、火灾、车窗破裂、乘客与人发生纠纷等）使用，可与司机通话进行求助。操作时需掀开保护盖，按下按钮后可与司机进行通话，红色指示灯亮表示设备故障，黄色指示灯亮表示占线，绿色指示灯亮可正常通话。

设置位置：车门左右两侧（图 2-35）。

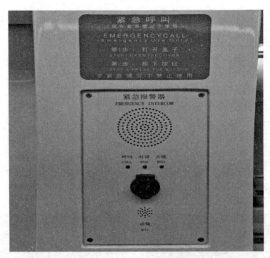

图 2-35　紧急对讲按钮

此装置影响司机正常驾驶，非特殊情况请勿擅自操作。

以上这些应急设备，都与乘客出行安全息息相关，千万不要因为一时好奇乱按，影响自己和他人出行。如因随意操作应急设备，给列车运行或乘客出行带来严重影响，将追究相关法律责任。

八、安全设施设备设置

车站除了消防系统中的自动气体灭火系统外，在站厅、站台、设备区、隧道区间按规定布设了一定数量的消火栓和灭火器，还有应急情况下使用的其他安全设施设备。城市轨道交通安全设施设备主要有感烟探测器、感温探测器、消防主机、消防电话、火灾报警按钮、消火栓、灭火器、疏散指示灯等。其设置要求如下：

（1）安全服务设施设备，包括车站、列车车厢内设置的消防、应急照明、应急通信、应急广播、乘客信息系统、视频监控等，应保持100%的可用性。

（2）运营单位应在车站内配备急救箱，车站和列车服务人员应掌握必要的急救知识和技能。

（3）供公众疏散使用的且平时需要关闭的疏散门，应确保在应急情况下不需要任何器具能手动迅速开启。

（4）列车客室内应设置乘客手动报警或与司机或控制中心通话的装置，紧急情况下乘客可向司机或控制中心报警。

（5）车站服务人员应对车站安全设施设备进行巡视检查，巡视频率不应低于每3小时一次，发现异常情况及时进行处理；遇客流高峰、恶劣天气、重大活动等情况，应根据需要增加巡视次数。

（一）感烟探测器、感温探测器

感烟探测器和感温探测器俗称烟感和温感，一般安装在车站站厅、站台、设备区天花板上。一旦出现火情，探测器会立即发出报警信号，达到提前预警作用。

（二）消防主机

消防主机一般设置在车站控制室（简称"车控室"）。当接收到探测器、手动报警按钮的火灾报警信号后，消防主机屏幕上会显示火灾位置信息并发出报警声音，车站控制室值班人员会根据火警信息，及时安排工作人员赶赴现场确认。

（三）消防电话

消防电话一般安装在设备区走廊及消防泵房等重要设备房内。当发生火灾时，可通过消防电话与车站控制室值班人员联系，以便及时采取应急处置措施。

（四）火灾报警按钮

火灾报警按钮一般安装在车站站厅、站台、设备区及隧道区间墙壁上，如图2-36所示。

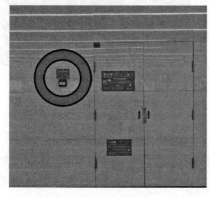
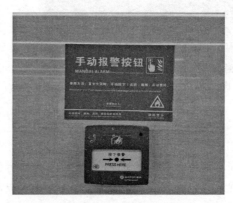

图2-36　火灾报警按钮

当出现火情时，可就近按压报警按钮发出火灾报警信号。

当乘客发现车站内有火情发生，可选择就近的手动火灾报警按钮按下（击碎透明保护盖按动按钮即可报警）。车站工作人员会在第一时间赶赴现场处理，做好防护措施，排查火情，以确保乘客的安全。

该按钮仅供火灾等应急情况下使用，无故随意使用将受到处罚，严重者将追究刑事责任。

（五）消火栓

消火栓是一种固定式消防设施，主要作用是控制可燃物、隔绝助燃物、消除着火源。

消火栓设置在车站站厅、站台、设备区，一般由消防水带、水枪、消火栓阀门、消防卷盘软管等部件组成。消防卷盘主要在车站发生微小火灾时使用。消防卷盘操作由两人配合完成，一人进行灭火操作，一人进行控制水源操作。

消火栓箱门在平时是关闭的状态，只有在日常保养检查以及出现火情需要灭火时才可以打开使用。

（六）灭火器

灭火器又称灭火筒，是常见的防火设施之一。灭火器的种类很多，不同种类的灭火器内藏的成分不一样，是专为不同火警而设。

地铁列车所配备的灭火器是大家最常见的干粉式二氧化碳灭火器，操作十分简单，只需要将保险环拉开，对准火苗根部进行喷射就可以达到很好的灭火效果。

地铁每节车厢两端、客室座椅下及重要设备房内都放置了灭火器，如图 2-37、图 2-38 所示。火灾初期可就近取用灭火器扑灭火灾。

图 2-37　地铁车厢端部灭火器

图 2-38　地铁车厢座位下方灭火器

（七）疏散指示灯

在车站出入口、疏散通道及站厅、站台公共区均要安装疏散指示标志。发生火灾或出现紧急情况需要快速撤离时，可根据疏散指示灯的箭头方向迅速、有序撤离。

城市轨道交通安全设施设备远不止这些，还包括应急照明、消防广播、声光报警

（警铃）设备。工作人员会定期巡视相关设施设备，开展消防安全大检查，防患于未然。

九、其他设施设备设置

其他设施设备设置要求如下：
（1）车站宜设置乘客座椅，并保持整洁完好。
（2）车站内设置的公共卫生间，应保持清洁，并保证正常使用。
（3）通风、采暖与空调系统、环境与设备监控系统应按规定设置并开启。
（4）站台门的应急开启装置应完好，操作导引应醒目、清晰。
（5）车站应设置无障碍服务设施。无障碍设施应保持性能完好。
（6）车站宜配置无障碍厕位或无障碍卫生间、婴儿护理台、儿童洗手盆等服务设施；宜设置母婴室、自动取款机、自动售货机等便民服务设施设备，并设置相应标志引导乘客使用。
（7）车站的生活福利、商业和便民服务设施不应对车站客流产生干扰。
（8）车站的站台、站厅宜设置适量的废物箱。

（一）垃圾桶

垃圾桶的设置遵循避开人流交汇处、不占用市民出行路径通道的原则。站台和站厅都至少配备一组分类垃圾桶，且符合相关设计标准。

车站一般在站台、站厅均会设置垃圾桶，站台垃圾桶一般放置在公共卫生间附近或站台中央，站厅垃圾桶一般放置在服务中心附近。车站保洁人员定时对垃圾桶进行清理，保持站内环境整洁。

课堂阅读：地铁车厢为何没有垃圾桶

地铁车厢没有设置垃圾桶，主要原因有以下几个方面：

1. 安全考虑

地铁车厢内一整列车就只有司机室有工作人员，其他车厢内都是乘客。如果在车厢内放置了垃圾桶，万一不法分子在垃圾桶里放了危险物品，短时间内难以发现，容易造成安全隐患。

2. 环境考虑

列车车厢为密闭空间，如果在里面放置了垃圾桶，容易造成垃圾聚集、滋生细菌、异味扩散，影响整体空气环境。

3. 行车考虑

如果垃圾未及时清理，还容易引来蟑螂、老鼠等，垃圾一旦掉落于地铁轨行区内，可能引发鼠害，造成控制和动力线缆被咬断，引发列车行车安全事故。

其实，地铁车厢内没有设置垃圾桶，也是地铁运营的行业惯例，在国内外的轨道交通车厢内，也都没有设置垃圾桶。

（二）公共卫生间

车站公共卫生间与管理人员卫生间应分开设置，宜设置在车站站台层，有条件的车站可在站厅层增设卫生间。在车站公共卫生间内应能清晰收听到车站公共广播。

根据车站所处位置特点，宜在特殊车站（如与妇女儿童医院衔接的车站、客流量较大的换乘车站）设置母婴室。

车站卫生间应保持干净、整洁、无异味，并设有无障碍卫生间。车站卫生间内的水龙头、烘干机、照明灯等设备的功能应当完好。此外，还可以在车站卫生间内提供卫生纸、洗手液等。

车站公共卫生间设施的设置应根据服务面积、人流量和使用频率确定，功能和设施配置应以人为本，满足不同乘客群体的需求。车站公共卫生间的设施和管理应遵循文明、卫生、方便、安全、节能、环保的原则，与车站环境相协调，并能体现地域特色、传统文化和时代特征。

车站公共卫生间设施标识图例如表2-1所示。

表2-1 车站公共卫生间设施标识图例

名称	图例	功能	名称	图例	功能
男、女卫生间		表示男、女卫生间及厕位	无障碍		表示无障碍设施
男卫生间		表示男卫生间及厕位	母婴室		表示母婴室
女卫生间		表示女卫生间及厕位	坐便器		表示坐便器
设施维护		表示正在进行设施维护作业	蹲便器		表示蹲便器
饮用水		表示水源为饮用水	正在保洁标识		表示卫生间正在进行保洁作业

（三）盲道

盲道是专门帮助盲人行走的道路设施。盲道一般由两类砖铺就，一类是条形引导砖，引导盲人放心前行，称为行进盲道；一类是带有圆点的提示砖，提示盲人前面有障碍，该转弯了，称为提示盲道。

盲道是城市里的一种无障碍设施，旨在为视觉障碍者提供行路方便和安全，讲求的是实用、安全和人性化。

（四）乘客对讲机

乘客对讲机是一种特殊的通信设备，主要用于城市轨道交通系统内部的通信。

地铁中的对讲系统主要分为两大部分：地面控制中心和车辆终端。地面控制中心是对讲系统的指挥中心，负责控制、管理和调度车辆终端。车辆终端则是地铁车厢内配备的对讲终端，乘务员可以通过它与地面控制中心通话。地铁中的对讲系统不仅可以用于车辆内部的通话,还可以实现车辆间的通话。当列车遇到故障时,地铁公司可以通过对讲系统进行车辆之间的通话,协调处理故障,确保列车运行的安全性。

使用对讲机的目的是保证城市轨道交通运输安全和提高工作效率。乘客对讲机在地铁里能够实现的功能有:

(1) 求助报警:当乘客有需求时,可以通过站内各处分机或紧急求助点向车站值班室报警,便于及时联络到相关车站工作人员,相关工作人员通过语音与乘客沟通,更好地为乘客解决问题。

(2) 分区广播:可将各区域任意分组,每组可独立讲话,每个组内成员都可以听到。

(3) 全区广播:可对所有区域统一播放重要的广播通知、音乐文件等。

(4) 广播喊话:可直接快速针对全组、多组、单组发出紧急广播喊话、通知、找人;售票大厅、候车大厅、站台等区域可自行做广播讲话,如向乘客播报列车信息、注意事项等。

(5) 寻呼广播:领导办公室可作重要广播通知、讲话。

(6) 消防广播:支持消防联动,紧急情况下,根据预先设定马上进入消防报警广播。

第二节
城市轨道交通车站服务设施设备巡视

案例导入:地铁车站扶梯事故

2011年7月5日9时36分,北京地铁四号线动物园站A口上行扶梯发生设备故障,正在搭乘电梯的部分乘客出现摔倒情况,造成1名13岁少年身亡、2人重伤、26人轻伤。目击者称,故障发生时,本来上行的电梯突然倒转,变成下行,乘客成群跌倒受伤。

北京市质量技术监督局7月6日发布新闻称,北京地铁4号线动物园站扶梯故障直接原因是固定零件损坏,导致扶梯驱动主机发生位移,造成驱动链的断裂,致使扶梯出现逆向下行的现象。

北京市质监局2011年11月25日发布,经北京市政府批准,"7·5"北京地铁四号线自动扶梯事故调查工作结案,调查组认定,此事故是一起责任事故。

思考:厅巡岗位工作人员的巡视范围有哪些?

为了加强城市轨道交通运营管理,保证城市轨道交通正常、安全运营,维护城市轨道交通运营秩序,确保城市轨道交通车站的安全运作和优质服务,保障车站范围内的人员安全及车站设施设备的完整良好,必须加强车站属地管理,实施车站设施设备的巡视制度。

一、巡视制度

车站的值班站长、客运值班员、厅巡、保安、保洁等岗位人员,都负有车站巡视职责,在运营或非运营时间都必须按规定完成巡视工作。在车站关站后,还要加强对站外设施设备的巡视,做好防盗、防损工作。

(一) 各岗位巡视范围

根据车站各岗位工作人员的不同职责,规定其巡视的范围和频次。主要以值班站长和保安人员等巡视为主,客运值班员在完成票务室的工作后视情况执行巡视任务,而保洁在固定承包区域内清扫、清洁时,兼顾该区域设备、设施的巡视工作。各岗位巡视范围如表2-2所示。

表2-2 车站各岗位主要巡视范围

岗位	主要巡视范围
值班站长	全站、出入口外范围、车站风亭、冷却塔
客运值班员	售票问讯处、站厅、通道、出入口外范围
厅巡	出入口、站厅、车站内楼梯、自动扶梯、垂直电梯
保安	全站、出入口外范围、车站风亭、冷却塔
保洁	固定卫生承包区域内设备、设施

课堂阅读:坚守岗位的 AFC 巡检工

在节假日期间,各城市热闹非凡,洋溢着喜庆的氛围。然而在这繁华景象的背后,有一群特殊的人——自动售检票系统(AFC)巡检工,他们认真履职、恪尽职守、舍小家为大家,默默无闻地坚守在工作岗位上,奋战在轨道建设运营的第一线,为地铁的安全运行贡献着自己的力量。

AFC巡检工们肩负着保障地铁自动售票系统正常运行的重要任务,在平时的维护与保养工作中做到细致入微,每个模块、每块钣金、每颗螺丝都不放过,力保设备的可靠与稳定。他们需要对地铁线路的各个站点进行严格巡查,确保自动售票机、闸机等设备正常运转,及时解决乘客进出站问题,为市民乘客保驾护航。这不仅关乎地铁的运营效率,更关系到广大乘客的出行体验。

(二) 各岗位巡视要求

1. 巡视内容

巡视内容主要包括:乘客动态及乘车秩序,设施设备状态及运作,车站范围内的施工作业情况,可疑人员和可疑物品等异常情况,轨道交通设施保护情况以及车站卫生情况。

2. 巡视方式

巡视方式包括全面巡视、重点巡视、定时巡视与不定时巡视。

(1) 全面巡视。全面巡视是指对车站进行全面的、全方位的巡视,值班站长以全面巡视为主。

(2) 重点巡视。重点巡视是针对重点部位或特定内容进行巡视。如客运值班员以票务和乘客事务为主,保安以安全为主,包括车站运作安全、乘客安全及设施设备安全。

(3) 定时巡视。定时巡视是按一定的时间间隔,对相关区域进行巡视,如对出入口实行定时巡视。

（4）不定时巡视。指针对特定环境和特殊情况，有针对性地对重点区域进行不定时巡视。

3. 巡视频次

车站必须精心组织巡视工作，合理安排车站工作人员。车站各岗位人员巡视时须按要求认真巡视，及时发现存在的问题并作出相应的处理。

值班站长每班巡视次数不得少于2次，客运值班员每班巡视次数不得少于1次，厅巡、保安、保洁在包保责任区范围内多次巡视，确保站厅、站台、出入口、通道等重点监控区域巡查到位。出入口每半小时巡视一次，巡视人员须在出入口巡查签到表签字备查。各岗位巡视频次要求如下：

（1）值班站长每两小时巡视车站一次，早班从运营开始起每两小时巡一次，中班从接班开始每两小时一次。相关情况记录在《车务部故障设备设施跟踪处理表》《每日防火检查记录本》上，且接班前必须巡视一次。

（2）客运值班员每班巡视4次，相关情况记录在《当班情况登记簿》（表2-3）上。

（3）原则上厅巡岗每2小时巡视出入口、站厅一次，相关情况应立即报车站控制室行车值班员，行车值班员记录在《当班情况登记簿》上。

（4）站台岗在接发车间隙来回巡视站台，站台岗交接时接岗人员必须先巡视后接岗。

表2-3 当班情况登记簿

年　　月　　日　　星期

负责人/交接情况	白班	晚班
值班站长		
行车值班员		
客运值班员		
钥匙交接数量/条		

员工签到：

序号	姓名	上/下班时间	岗位代号	序号	姓名	上/下班时间	岗位代号
1				11			
2				12			
3				13			
4				14			
5				15			
6				16			
7				17			
8				18			
9				19			
10				20			

当日工作重点：

续表

笔记

序号	内容	完成情况
1		
2		
3		
4		
5		
6		

本站客运情况：

本日客运量(含员工票)			
本日售票客运量		免费进出登记(次数)	

交接班事项：

行车设备：

施工情况：

C类站内施工登记：

开始时间	施工单位	施工内容	进场作业令号	配合人员联系电话	施工负责人	车站负责人	结束时间

车控室备品记录：

备品名称	单位	数量	状态情况	备品名称	单位	数量	状态情况	备品名称	单位	数量	状态情况
信号灯	盏			手摇把	个						
信号旗(红)	面			手电筒	个						
信号旗(黄)	面			扳手	个						
信号旗(绿)	面			消防斧	个						
荧光衣	件			相机	个						
红闪灯	个			录音笔	个						
手持台	台			空气呼吸器	个						
手持台电池	个			防爆灯	个						
手持台充电器	个			绝缘靴	双						
对讲机	台			防爆灯	个						
对讲机电池	个			公交接驳应急箱	个						
对讲机充电器	个										
门禁卡	张										

车控室备品情况：

续表

记事:(当班期间发生的事件或者需交班处理的都可以在此处填写,要详细清楚,便于夜班整理编写日况)

时间	内容	处理情况	备注

二、巡视要点

(一) 运营时间内的巡视要点

1. 值班站长和客运值班员

运营时间内,值班站长和客运值班员的巡视要点如下:

(1) 检查车站内公共区域各种设施设备(包括自动扶梯、垂直电梯、售票设备、闸机、导向标志等)是否完好,运作是否正常。

(2) 检查各个出入口的各种建筑设施和周边地面情况,防止他人对轨道交通设施设备进行破坏。

(3) 对可疑人员和可疑物品等异常情况进行巡查,对"三品"等违禁物品和大件可疑物品进行巡查,防止乘客携带违禁品进站乘车,发现"膏状""块状""粉状"等可疑物品要及时报告公安人员。

(4) 检查通向设备区的门禁是否失效,对空闲位置及房间进行巡查,防止无关人员进入设备区域。

(5) 对出入口、进出人员较少的长大通道以及公共卫生间进行巡视和检查,对车站死角地带进行巡查。

(6) 对站台端门进行巡查。施工人员进出端门时需要得到车控室值班人员的同意,并检查确保端门使用完毕后处于关闭状态,严禁擅自开启端门。若端门因故障不能关闭,应及时通知维修人员,并做好安全防护和警示标志。

(7) 对车站卫生情况巡查,查看垃圾箱是否溢满。

2. 厅巡

运营时间内,厅巡的巡视要点如下:

(1) 检查车站内公共区各种设施设备(包括垂直电梯、自动扶梯、售票设备、闸机、导向标志等)是否完好,运作是否正常。

(2) 密切注意站厅乘客的动态,及时主动引导乘客,特别是对轮椅乘客、老人、小孩等特殊人群,以及携带大件行李的乘客进行关注。

(3) 加强对"三品"等违禁物品和大件可疑物品的查堵力度,防止乘客携带违禁品进站乘车,发现"膏状""块状""粉状"等可疑物品要及时报告公安人员。

3. 保安

运营时间内,保安的巡视要点如下:

(1) 检查车站内公共区各种设施设备(包括垂直电梯、自动扶梯、售票设备、闸机、导向标志等)是否完好,运作是否正常。

(2) 密切注意站厅乘客的动态，及时主动引导乘客，特别是对轮椅乘客、老人、小孩等特殊人群，以及携带大件行李的乘客进行关注。

(3) 加强对"三品"等违禁物品和大件可疑物品的查堵力度，防止乘客携带违禁品进站乘车，发现"膏状""块状""粉状"等可疑物品要及时报告公安人员。

(4) 加大对出入口、进出人员较少的长大通道以及公共卫生间的巡视检查力度，增加对车站死角地带的巡视次数和细致程度。

(5) 检查确保站台端门使用完毕后处于关闭状态，严禁施工人员擅自开启端门。若端门因故障不能关闭，应及时报车控室，并按指示设置警示标志，做好安全防护。

4. 保洁

运营时间内，保洁的巡视要点如下：

(1) 按包保区域进行巡视保洁，确保保洁区域目视整洁，无垃圾、杂物。

(2) 对包保区内的公共卫生间、垃圾桶定时巡视，发现可疑物品及时报告。

（二）非运营时间的巡视要点

1. 值班站长和客运值班员

非运营时间内，值班站长和客运值班员的巡视要点如下：

(1) 运营结束后必须巡站一次，确认车站相应设施设备已退出服务，确保没有滞留乘客，发现可疑人员、可疑物品及时报告。

(2) 检查各个消火栓是否齐全、完整，灭火器是否齐全、完好，设备房门是否锁好。

(3) 夜间施工巡查：巡查施工是否做好相应的防护措施，施工完毕后防护措施是否已撤除，人员是否出清。

(4) 检查自动扶梯、垂直电梯是否已处于关闭状态。确因施工需要临时开启的，使用完毕后及时关闭。

(5) 开站前安全检查的相关内容：对所有站线及其两端所目及范围，包括存车线及设备区走廊对应轨行区。

2. 保安

非运营时间内，保安的巡视要点如下：

(1) 每隔 30 分钟巡视一次站厅、出入口、设备区域，主要巡视车站内设施设备及各个出入口的情况，如发生异常情况（被盗、丢失、损坏）及时汇报车控室。

(2) 末班车开出后，必须对车站区域彻查一次，确保没有滞留乘客；发现可疑人员和可疑物品，及时汇报并处理。

(3) 对站台的施工及轨行区的作业，必须与车控室核对施工人数、施工区间，确保施工人员进入正确的轨行区。

三、巡视记录

巡视人员必须如实填写巡视台账，发现问题必须在台账上详细注明，要有跟进措施，完成后签名确认。车站巡视记录台账包括：巡查签到表、车站巡视记录本。

1. 巡查签到表

在指定巡查位置（如出入口、设备房等）设置巡查签到表，各岗位人员巡视后签到。巡视人员在巡视出入口时要仔细检查进出站电扶梯设备,出入口周围是否有障碍物,以及出入口其他设备的运行状态,巡查签到表的签到要真实,不能早签、代签。

2. 车站巡视记录本

各岗位人员巡视时,如发现问题或异常情况,能够立即处理的立即作出处理,不能立即处理的报车控室,车控室按相应流程汇报。巡视人员在《车站日常巡视记录簿》(表2-4)作好相应记录。车控室人员在《值班人员登记本》上说明情况,接班人员应根据记录做好跟进工作。

表 2-4　车站日常巡视记录簿

日期：　　年　　月　　日

检查内容		要求	检查情况		发现问题及跟进措施
			白班	晚班	
公共区	站台站厅乘客服务情况	(1)售检验票口乘客有序排列,无乘客排长队			
		(2)售票员按规定唱票、验票			
		(3)工作人员严格检查、防止乘客逃票、漏检现象			
	自动售票机（TVM）	(1)机壳无损伤;外观清洁			
		(2)显示灯正常			
		(3)出票口无杂物堵塞			
		(4)投币口无杂物堵塞			
		(5)TVM功能正常			
	云购票机（iTVM）	(1)机壳无损伤;外观清洁			
		(2)出票口无杂物堵塞			
		(3)显示功能正常			
	闸机（GATE）	(1)机壳无损伤;外观清洁			
		(2)显示灯正常			
		(3)乘客显示屏正常显示,功能正常			
		(4)出、入票口无杂物堵塞			
		(5)钥匙孔无堵塞			
		(6)门扇开关正常			
	PIS设备	(1)条屏功能正常			
		(2)显示屏功能正常			
		(3)首末班车、下次列车到站时间显示正常			
	广告牌、广告灯箱、导向牌、不锈钢隔栏、小画框、出入口公告栏	(1)广告牌、广告灯箱正常			
		(2)导向牌指示方向、指示内容正确、清晰、完整			
		(3)卫生状况好、公告栏、画框无破损、画面完好、平整,取阅栏摆放足够数量宣传小册子			

续表

检查内容		要求	检查情况		发现问题及跟进措施
			白班	晚班	
公共区	电扶梯、楼梯	(1)扶梯正常工作,无异常声音和异味,运行方向正确			
		(2)裙板、扶手带无脱落			
		(3)楼、扶梯梯级、台阶干净			
		(4)故障或正在维修的电梯已放暂停服务牌			
	地面	地面干净、无积水、杂物			
	风亭、冷却塔	外观完好,无漏水情况			
	垃圾箱	垃圾箱未满、表面干净、无异味			
	墙、柱	清洁完好			
	站台端门	处于关闭状态,警示标志清晰完好			
	站台站厅照明	正常			
	洗手间	卫生状况良好、无异味			
	员工通道门	处于关闭状态			
出入口	出入口(5米范围内)	(1)地面清洁			
		(2)无闲杂人员逗留			
		(3)无人群拥挤			
		(4)无障碍物			
员工工作区域	员工会议室	物品摆放整齐,室内卫生状况良好			
	车控室	(1)无非工作人员			
		(2)物品摆放整齐,室内卫生状况良好			
	客服中心	(1)无非工作人员			
		(2)门为锁闭状态			
		(3)备品摆放有序、卫生状况良好			
	AFC票务室	(1)无非工作人员			
		(2)门为锁闭状态			
		(3)备品摆放有序、卫生状况良好			
	清扫间	(1)卫生状况良好、无异味			
		(2)物品摆放整齐			
	洗手间	卫生状况良好、无异味			
	备品库	(1)卫生状况良好、无异味			
		(2)物品摆放整齐			
线路	站内线路	无障碍物,无物品、设备侵入限界			
施工场所	施工场所	(1)施工前采取了安全防护措施			
		(2)施工完毕后施工场所清理干净			

续表

检查内容		要求	检查情况		发现问题及跟进措施
			白班	晚班	
员工仪容仪表	仪表着装	员工按规定着装,仪容仪表端庄大方			
签名	白班	第一次巡视时间: 巡视签名:	第二次巡视时间: 巡视签名:		第三次巡视时间: 巡视签名:
	晚班	第一次巡视时间: 巡视签名:	第二次巡视时间: 巡视签名:		第三次巡视时间: 巡视签名:

注:每次检查后在检查情况空格栏内标记,若正常打"√",若没有该项打"/",若故障打"O",并在发现问题及跟进措施栏备注。

任务训练单

任务一:灭火器及消火栓的使用

专业		班级	
姓名		小组成员	

一、任务要求

(1)学生分组,每组5~8人,按照要求分别开展消防演习。
(2)教师设定演习背景,引导学生扮演乘客及工作人员进行疏散演练。
(3)安排小组代表演示使用手提式灭火器以及连接消火栓水带、水枪,其他学生观摩。
(4)演练后应对演练效果进行评价,每组汇报说明演练中存在的问题,提出改进措施。
(5)各组学生进行互评,评价小组和教师根据表2-5对任务实施结果进行考核评价。

二、任务实施

1. 教师利用多媒体教学手段,教授消防设施设备的基本知识。
2. 教师利用实训设施设备进行灭火器及消火栓使用的演示。学生模拟实训操作以便掌握操作方法。
3. 教师设定突发情景,学生根据预设情景分别扮演乘客及工作人员进行疏散演练,模拟处置突发状况。
4. 实施要点:
(1)干粉灭火器及二氧化碳灭火器的操作。
(2)消火栓的操作。
(3)站台发生火灾时的处置。
(4)站厅发生火灾时的处置。
5. 在情景模拟中,要使用礼貌用语,并结合正确的仪态、微笑、眼神和手势来表达语言,增强语言的表现力。

三、任务考核评分

表2-5 任务考核评分表

考核评分内容	分值	教师评分	小组互评分
灭火器、消火栓操作动作规范	50		
处置突发情况沉着、冷静	20		
态度端正、应变灵活	15		
模拟演练过程团结协作	15		
总分			

注:小组互评分是各小组评分总和的平均值,总分=小组互评分×40%+教师评分×60%。

任务二：自动扶梯的日常检查及常见问题处理

专业		班级	
姓名		小组成员	

一、任务要求

(1) 学生分组，每组 5~8 人，按照要求分别进行情景模拟演练。
(2) 各小组分别演练扶梯开关、紧急停止、日常巡检、安全防护。
(3) 各组学生进行互评，对表演组学生的演练效果进行评价。
(4) 其他小组和教师根据表 2-6 对任务实施结果进行考核评价。

二、任务实施

1. 教师利用多媒体教学手段，教授自动扶梯的基本知识。
2. 教师利用仿真软件或实训设施进行电梯控制演示。学生模拟实训操作以便掌握操作方法。
3. 教师设定突发情景，学生根据预设情景（电梯无法启动、电梯发出异常声音、大客流乘坐电梯等），模拟处置突发状况。
4. 实施要点：
(1) 自动扶梯的启动、关闭。
(2) 自动扶梯的日常检查操作。
(3) 自动扶梯常见问题处理。
5. 在情景模拟中，应具备一定的安全意识，要使用礼貌用语，并结合正确的表情和手势来表达语言，增强语言的表现力。

三、任务考核评分

表 2-6　任务考核评分表

考核评分内容	分值	教师评分	小组互评分
熟练进行自动扶梯的日常检查操作	30		
熟练处理自动扶梯的常见问题	30		
态度端正、应变灵活	15		
模拟演练过程流畅、规范	25		
总分			

注：小组互评分是各小组评分总和的平均值，总分＝小组互评分×40％＋教师评分×60％。

课后练习题

一、选择题

1. 在城市轨道交通车站外（　　）米范围内提供清晰、明确、设置合理、引导连续和统一的城市轨道交通导向标志。
　　A. 200　　　　B. 500　　　　C. 800　　　　D. 1000

2. 紧急出口标志、小心台阶标志、小心地滑标志等属于（　　）。
　　A. 禁止标志　　B. 警告标志　　C. 消防安全标志　　D. 提示标志

3. 站外导向标志宜在轨道交通车站周边（　　）米左右范围内的公交车站、商业设施、交叉路口等人流密集的地点连续设置。
　　A. 200　　　　B. 500　　　　C. 800　　　　D. 1000

4. 车站出入口与站厅相连的通道，长度不宜超过（　　）米。
　　A. 50　　　　B. 100　　　　C. 200　　　　D. 1000

5. 车站通道楼梯的倾角一般为 26 度。其中，单向通行楼梯的宽度不宜小于 1.8

米，双向通行楼梯的宽度不宜小于 2.4 米。当楼梯宽度大于（   ）米时，应在楼梯中间设置扶手。

　　A. 3　　　　　　B. 3.4　　　　　　C. 3.6　　　　　　D. 4.2

6. 每个售票点正常运行的自动售票机不应少于（   ）台。

　　A. 1　　　　　　B. 2　　　　　　　C. 4　　　　　　　D. 5

7. 紧急停车按钮设置在站台两侧墙壁上，靠近列车车头车尾两侧，每一个方向设置（   ）个。

　　A. 1　　　　　　B. 2　　　　　　　C. 3　　　　　　　D. 4

8. 安全服务设施设备，包括车站、列车车厢内设置的消防、应急照明、应急通信、应急广播、乘客信息系统、视频监控等，应保持（   ）的可用性。

　　A. 95%　　　　　B. 98%　　　　　　C. 99%　　　　　　D. 100%

9. 车站服务人员应对车站安全设施设备进行巡视检查，巡视频率不应低于每（   ）小时一次，发现异常情况及时进行处理；遇客流高峰、恶劣天气、重大活动等情况，应根据需要增加巡视次数。

　　A. 1　　　　　　B. 2　　　　　　　C. 3　　　　　　　D. 5

10. 非运营时间，值班站长和客运值班员在运营结束后必须巡站（   ）次。

　　A. 1　　　　　　B. 2　　　　　　　C. 3　　　　　　　D. 4

11. 值班站长每班巡视次数不得少于（   ）次，客运值班员每班巡视次数不得少于（   ）次，厅巡、保安、保洁在包保责任区范围内多次巡视，确保站厅、站台、出入口、通道等重点监控区域巡查到位。

　　A. 2，1　　　　　B. 3，1　　　　　　C. 5，2　　　　　　D. 5，3

12. 非运营时间，保安每隔（   ）分钟巡视一次站厅、出入口、设备区域，主要巡视车站内设施设备及各个出入口的情况，如发生异常情况（被盗、丢失、损坏）及时汇报车控室。

　　A. 15　　　　　　B. 30　　　　　　 C. 60　　　　　　　D. 90

二、填空题

1. _____是指用有颜色的几何图形表达通用的安全信息，并用附加图形符号表达特定安全信息的标志。

2. 城市轨道交通安全标志应包括_____、_____、_____和_____。

3. _____是指由图形标志和文字标志与箭头符号组合而成，用于指示通往目的站的路线的公共信息标志。

4. 票务设施设备主要包括_____、_____、_____等。

5. 自动检票机设置在车站_____和_____的分界处，用于乘客自助检票通行。

6. _____（PIS）是指在车站内为乘客提供客运服务信息的设备的总称。

7. 消防主机一般设置在_____。

8. _____是一种特殊的通信设备，主要用于城市轨道交通系统内部的通信。

9. _____后必须巡站一次，确认车站相应设施设备已退出服务，确保没有滞留乘客，发现可疑人员、可疑物品及时报告。

10. 车站巡视记录台账包括：_____、_____。

三、判断题

1. 禁止标志是对乘客行为加以禁止或限制的标志。（   ）
2. 小心站台间隙标志、小心夹手、小心触电标志等属于提示标志。（   ）
3. 乘车导向标志应设置在车站出入口、通道、站厅等通往站台通行区域的相应位置。（   ）
4. 列车运行方向导向标志应设置在乘客通往站台的通行区域的相应位置。（   ）
5. 车站出入口的空间大小必须满足高峰时段客流集散的需求，以免出现拥堵现象。（   ）
6. 安全锤设置于列车客室左右两侧座椅上方或者车厢两端处。（   ）
7. 紧急对讲按钮操作时需掀开保护盖，按下按钮后可与司机进行通话，红色指示灯亮表示设备故障，黄色指示灯亮表示占线，绿色指示灯亮可正常通话。（   ）
8. 消火栓箱门在平时是开启的状态，在日常保养检查以及出现火情需要灭火时可以打开使用。（   ）
9. 垃圾桶的设置遵循避开人流交汇处、不占用市民出行路径通道的原则。站台和站厅都至少配备一组分类垃圾桶，且符合相关设计标准。（   ）
10. 原则上厅巡岗每 1 小时巡视出入口、站厅一次，相关情况应立即报车站控制室行车值班员。（   ）

四、简答题

1. 简述客运服务标志的设置要求。
2. 简述导向标志的类型。
3. 简述列车运行方向导向标志的设置要求。
4. 简述票务设施设备的设置要求。
5. 简述导乘设施设备的设置要求。
6. 简述车站各岗位工作人员的主要巡视范围。
7. 简述值班站长和客运值班员的巡视要点。

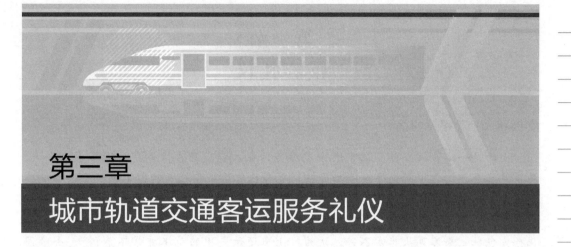

第三章
城市轨道交通客运服务礼仪

📄 内容导读

车站作为城市轨道交通运输中乘客集散和乘降的重要区域,其工作人员的整体形象和素质不仅关系到城市轨道交通企业形象的塑造,也直接影响城市轨道交通企业的服务水平和品牌形象。城市轨道交通客运服务礼仪是轨道交通优质服务的重要组成部分,为了给乘客提供优质的客运服务,维护城市轨道交通企业的良好形象,城市轨道交通客运服务人员应当严格遵守城市轨道交通客运服务礼仪,以得体的仪容、整洁的服饰、优雅的仪态、良好的沟通技巧为乘客服务。

本章主要介绍城市轨道交通客运服务礼仪的相关知识,具体包括仪容礼仪、服饰礼仪、仪态礼仪和沟通礼仪。

📄 知识目标

(1)掌握仪容礼仪和服饰礼仪。
(2)掌握站姿礼仪、坐姿礼仪、走姿礼仪、蹲姿礼仪、手势礼仪和微笑礼仪。
(3)掌握沟通礼仪的要求、问询服务礼仪和电话服务礼仪。
(4)熟悉客运服务沟通技巧与禁忌。

📄 能力目标

(1)能够将站姿、走姿、坐姿、蹲姿的要求合理地运用到工作岗位上。
(2)能够运用微笑礼仪和沟通礼仪与乘客进行良好的沟通。

📄 素质目标

(1)培养良好的职业形象和职业素养。
(2)培养知礼、学礼、懂礼、守礼的良好习惯。

第一节
仪容礼仪

案例导入：美甲惹的祸

　　小珍是一名地铁公司员工，十分爱漂亮，在入职后经常做美甲。同事多次告诫，美甲片容易在工作中断裂导致手指受伤，也会使客运服务人员显得不够稳重，影响公司的良好形象，但小珍总是不以为意。一天，在引导乘客换乘时，小珍不小心将手指磕在了扶手上，导致美甲片断裂，手指也受伤流出了鲜血，于是直接丢下乘客独自去医务室包扎。乘客见状非常不满，认为"上班还做美甲的员工非常不靠谱"。小珍因为这次受伤事件而被站长严厉批评并罚款200元。

　　思考：城市轨道交通客运服务人员手部修饰有哪些要求？

　　礼仪是人们在社会生活中相互交往时的一种行为规范，是由良好的教养或权威部门规定的在社交正式场合应遵守的规矩，如礼貌、礼节、仪表、仪式等都属于礼仪范畴。仪容通常是指人的外观、容貌。在人际交往中，每个人的仪容都会引起交往对象的特别关注，并将影响到对方对自己的整体评价。良好的仪容是客运服务人员个人素质的真实写照，也体现了对乘客的尊重。

　　仪容礼仪是城市轨道交通客运服务人员应当遵守的与个人形象管理相关的行为规范。客运服务人员的仪容礼仪对展示其个人形象具有重要作用，能直接影响乘客对客运服务人员的印象，甚至会影响城市轨道交通运营单位的企业形象。

　　仪容的修饰美是仪容礼仪关注的重点，修饰仪容的基本规则是美观、整洁、卫生、得体。城市轨道交通客运服务人员应当注重仪容修饰，扬长避短，做到形象端正、整洁自然，使自己的仪容更符合社会大众的审美标准。

一、面部修饰

（一）面部修饰的原则

　　客运服务人员适当化妆可以提升个人气质，也能体现对乘客的尊重，面部修饰应遵循干净卫生、自然大方、整体协调的原则。

　　（1）干净卫生。客运服务人员面部应清洁、干净，其标准就是无灰尘、无污垢、无油渍。

　　（2）自然大方。客运服务人员在化妆时，应以淡妆为主，力求妆容自然。无论是修饰程度，还是在饰品数量和修饰技巧上，都应把握分寸，自然适度，切忌过度修饰。

　　（3）整体协调。客运服务人员的妆容应与其自身的性别、年龄、容貌、肤色、身材、体型、个性、气质及职业身份等相适宜和相协调，从而给乘客留下得体、雅致、协调的印象。

（二）面部修饰的要求

面部修饰的具体要求如表 3-1 所示。

表 3-1 面部修饰的具体要求

部位	修饰要求
脸部	保持面部清洁，注意清洁面部油脂，做到无泪痕、无汗渍、无灰尘等
眼部	（1）保持眼部清洁，眼角无分泌物； （2）保持充足睡眠，目光清澈有神，无血丝、黑眼圈、眼袋浮肿等现象； （3）不佩戴墨镜或有色眼镜，不用人造假睫毛，不画烟熏妆和浓眼影
耳部	（1）保持耳郭清洁，外耳无分泌物； （2）不佩戴夸张的耳环，男性不佩戴耳钉等
鼻部	（1）保持鼻腔清洁，不流鼻涕，无异物； （2）不当众擤鼻涕、挖鼻孔，更不能戴鼻环； （3）定期修剪鼻毛，确保鼻毛不外露
嘴部	（1）嘴角干净无异物，口中无异味； （2）避免嘴唇干裂或脱皮，适当用淡色唇彩或唇膏，保持唇部红润； （3）男性应每天刮胡子，不能留胡须，保持嘴部周围干净
牙齿	牙齿整齐洁白，无食品残留物，吸烟者定期除掉牙齿上的尼古丁痕迹

知识链接：化妆的注意事项与禁忌

客运服务人员在化妆时需要避免某些不应出现的错误做法，注意事项与禁忌主要包括以下几个方面：

（1）脸色不好时要用粉底与腮红掩盖。使用液体粉底可以使皮肤看起来细腻。在使用粉底时注意不要让脸部与头部有明显的分界线。用海绵上妆可以使化妆效果匀称。

（2）注意要在饭后补妆，保持妆容整洁。注意脸部的油脂，特别是"T"区内，要定时用吸油纸或纸巾揩干。补妆应在洗手间完成。

（3）要讲究化妆品的卫生，化妆用具要经常清洗，尽量不要借用他人化妆品。

（4）不以残妆示人。在工作中出汗之后、休息或用餐后，因流汗或擦碰妆容容易出现脱妆，应当及时补妆，不能以残妆面对乘客，以残妆示人给人懒散、邋遢之感，所以客运服务人员要注意及时补妆。

（5）不化离奇出众的妆。客运服务人员化工作妆时应选择正式且符合工作性质的妆容，不能脱离自己的工作角色，不能追求怪异、神秘的妆容，使人感觉过于突出、另类。

二、发型修饰

对于城市轨道交通客运服务人员来讲，日常的发型风格宜庄重、简约、大方，并且应避免不伦不类的造型。发型修饰的原则是：洁净整齐、长短适中、发型得体、美观大方。

(一) 男性发型要求

男士的发型应给人以得体、整齐和略显成熟、稳重的感觉。

(1) 头发长短适中,前发不过双眉,侧发不掩耳,后发不及衣领,鬓角不超过耳朵长度的 2/3,男性客运服务人员的标准发型如图 3-1 所示。

 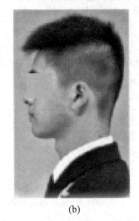 

(a)   (b)   (c)

图 3-1 男性客运服务人员的标准发型

(2) 不得留卷发(自然卷除外)、剃光头或者蓄胡须。

(3) 不戴假发,不染夸张颜色的头发。

(4) 工作时按规定梳理发型,不得梳理怪异发型。

(二) 女性发型要求

按长短划分,女性发型可分为短发和长发。

(1) 留短发时,应露出耳朵,应将鬓角头发用发卡别于耳后,短发不可过肩,不能披肩散发。可留卷发或直发,但发型不宜过于奇特。

(2) 留长发时,应盘成发髻(发辫),并收于发网中,保持两鬓光洁,露出耳朵。女性客运服务人员留长发时的标准发型如图 3-2 所示。

 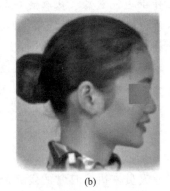 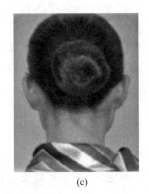

(a)   (b)   (c)

图 3-2 女性客运服务人员留长发时的标准发型

此外,女性客运服务人员可以有刘海,但刘海不能遮住眼睛。

三、手部修饰

客运服务人员在为乘客服务的过程中,应注重手部的修饰工作。手部不洁净,皮肤粗糙或干裂,会使客运服务人员的形象大打折扣。具体来说,客运服务人员应做到:

(1) 保持手部干净;
(2) 经常修剪指甲,不在公共场所修剪指甲或啃咬指甲;
(3) 不留长指甲,指甲内不能有污垢;
(4) 不做美甲,不涂过于艳丽的指甲油,也不在指甲上做任何装饰;
(5) 吸烟的男性要除掉手上的尼古丁痕迹;
(6) 手腕除了手表不戴其他饰物,且手表要简单朴素,不戴夸张、卡通、工艺类的手表。

第二节
服饰礼仪

案例导入:不当仪表惹麻烦

小丽是地铁公司一名新入职的员工,上班第一天,为了展示良好形象,她扎了一个高马尾,配上一对闪亮的吊坠耳环,急匆匆赶到车站,准备换上工作服开始工作。不料却遭到值班领导的批评,随后按照要求进行仪容仪表修饰才准予上岗作业。

思考:案例中的小丽作为地铁站工作人员,存在哪些错误行为?

一、服饰礼仪的基本原则

服饰礼仪的基本原则主要包括整洁原则、协调原则、TOP 原则。

1. 整洁原则

整洁能维护自我形象,给人良好的第一印象。整洁的着装不仅能展现个人的仪表风度,还能尊重他人。在工作中,客运服务人员应当时刻注意保持服饰整齐、洁净,具体做到以下几点:

(1) 服饰齐全并佩戴整齐;
(2) 服饰不能有开线、破洞的地方;
(3) 服饰不能有污渍,特别是衣领和袖口处。

2. 协调原则

客运服务工作人员若在未穿制服的工作环境中,应根据自身的条件来选择服饰。具体做到以下几点:

(1) 服饰样式与年龄、性格、体型、职业相吻合;
(2) 服饰颜色与肤色相协调,展示所长,遮掩所短。

3. TOP 原则

TOP 原则是国际公认的服饰礼仪基本原则之一，即要求人们在选择服装、考虑具体款式时，首先应当兼顾时间、地点、目的，做到协调搭配。

TOP 是三个英文单词的缩写，其中，"T"（time）代表时间，"P"（place）代表地点，"O"（occasion）代表场合。具体内容如下：

（1）时间原则。时间包括春、夏、秋、冬四季与早、中、晚三个时间段。客运服务人员在着装上应保持服饰与时间相符。此外，客运服务人员的服饰应符合时代潮流，不能过于落伍或前卫。

（2）地点原则。客运服务人员的服饰应与工作环境相符，在车站和列车车厢等工作场所，就必须身着统一的工作制服。

（3）场合原则。着装应当与场合相适应，实现人与地点相融合的最佳效果。在选择服装时，还应考虑与其扮演的社会角色相适应。客运服务人员的服饰应与其岗位相符，如安保人员应身着安保制服，保洁人员应身着保洁制服。

二、着装要求

根据岗位对着装的规定，城市轨道交通客运服务人员应穿统一的制服、佩戴统一的饰品（领带、领结、头饰、帽子等）。在穿制服时，客运服务人员应做到以下几点：

（1）上岗应着制服，不得与便服混穿。不同季节、不同类别人员的制服不得混穿。

（2）保持服装干净整洁，无褶皱、无残破、无污迹，衣扣完好齐全。

（3）制服内着便服时，不得外露。不得披衣、敞怀、挽袖、卷裤腿。

（4）佩戴手套时，应保持干净、洁白。

（5）佩戴领带、领结时，应系好衣领扣，保持领带或领结的平整、笔挺。领带夹放置于上衣第三至第四粒纽扣之间。

（6）按季节统一穿着制服，按规定更换制服，不得擅自更换。换季期间，可根据地面站、地下站具体情况适当提前或延后更换制服，但同一车站内应着同一季节制服。

（7）除工作需要或者特殊情况外，应当穿制式皮鞋或者其他黑色皮鞋，配穿深色袜子，女员工可配穿肉色袜子。不得赤脚穿鞋或者赤脚。男员工鞋跟一般不高于 3 厘米，女员工鞋跟一般不高于 3.5 厘米。鞋带系好，不可拖拉于脚上。

（8）配发帽子的员工，在着装执岗时应当正确戴帽子，不得歪戴。但在着夏装以及在车站室内办公区、宿舍、列车驾驶室或其他不宜戴帽子的情况下，可不戴帽子。

（9）在非工作时间，除集体活动或工作需要外，不得穿制服出入公共场合和乘坐列车。

知识链接：制服穿着注意事项

（1）一忌西裤过短；二忌衬衫放在西裤外面；三忌不扣衬衫扣；四忌抬臂时制服袖子长于衬衫袖；五忌制服的衣裤袋内鼓鼓囊囊；六忌领带太短、太长；七忌制服外套一粒扣子都不扣；八忌制服配便鞋（休闲鞋、球鞋、旅游鞋、凉鞋等）。

(2) 在车厢或车站范围内，时刻牢记穿着制服代表企业，言谈举止要符合礼仪规范。即使不当班，穿着制服也要按规定穿戴整齐。

(3) 在穿制服时不宜佩戴过多的饰品，每次佩戴不超过3件，饰品要简洁大方。

三、饰品佩戴要求

客运服务人员在佩戴饰品时，要以美观大气、不妨碍工作为主要原则。佩戴饰品要遵循以下几点要求：

(1) 按照规定佩戴肩章、臂章、胸牌（佩戴在左胸上方），端正不歪斜。不得佩戴与员工身份不符或与工作无关的配饰。

(2) 因工作需要佩戴绶带、袖标时，绶带佩戴于左肩上，佩戴样式为左肩右斜；袖标佩戴于左臂上，距肩约15厘米。

(3) 只能佩戴一枚戒指，且只能佩戴在中指或无名指上。不能佩戴有明显凸起物的戒指，以免刮伤他人。

(4) 项链应放在衣领内，不可外露。不佩戴手链、脚链。

(5) 宜佩戴机械表、电子表，不宜佩戴卡通表、运动表等。

(6) 男性客运服务人员不可佩戴耳饰。女性客运服务人员可佩戴设计简单的耳饰，但必须成套佩戴，耳饰大小一般不超过3.5厘米，如图3-3(a)所示；耳饰位置必须对称，且款式不宜过于新奇，也不能佩戴悬挂式耳饰，如图3-3(b)。

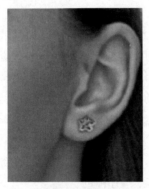
(a) 正确佩戴耳饰

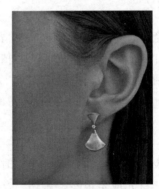
(b) 错误佩戴耳饰

图 3-3　佩戴耳饰

课堂思考：被遮起来的工号牌

小雅是某地铁公司的一名站务员。在一次为乘客服务的过程中，因乘客的要求有些无理，小雅在与乘客交流时态度比较强硬。谁知，该乘客却对小雅说："我要投诉你！你这样的服务态度我非常不满意！"随后，乘客看了一眼小雅的工号牌，并念出了她的名字。后来在交接班会的时候，小雅被值班站长点名批评。自那以后，小雅在为乘客服务时，都有意偷偷地遮住自己的工号牌，不让乘客看到自己的名字。

思考：小雅的做法是否正确？她应该如何为乘客服务？

第三节
仪态礼仪

案例导入：仪态不当惹投诉

  地铁车站客运服务人员小李在值班过程中，碰到一名五十岁左右的女乘客因为不知道如何换乘前来咨询，小李正准备解答时，看到该女乘客的眉毛一边高一边低，一时没忍住笑出了声，引得周围乘客纷纷看向他们，导致该女乘客不知所措，很是尴尬。

  虽然小李很快意识到了自己的不当行为，当面道歉并解释自己没有嘲笑该乘客的意思，最后该女乘客还是对小李的行为进行了投诉。

  思考：案例中的小李作为地铁站工作人员，在仪态礼仪方面存在哪些问题？

  人们在交谈中的一个眼神、一个动作、一个表情，都能体现出其修养和气质，服务人员在为其服务对象提供服务时，优雅的坐、立、行、走姿态及表情都能起到良好的作用。

一、表情礼仪

  表情有两层意思，一是指表达感情、情意；二是指表现在面部或姿态上的思想感情。在与乘客交往中，工作人员的面部表情可以给人们最直接的感觉和情绪体验。当表情与语言、行为表示一致时，就会拉近工作人员与乘客间的距离。因此，有人将好的表情称之为"社交的通行证"。构成表情的主要因素包括目光、笑容。

（一）目光

  目光是面部表情的核心。在人际交往时，目光是一种真实的、含蓄的语言。一个良好的交际形象，目光应是坦然、亲切、友善、有神的。

1. 注视时间

（1）不时注视对方，占全部相处时间的三分之一左右：表示友好。

（2）常常把目光投向对方，占相处时间的三分之二左右：表示尊重。

（3）目光游离，注视时间不到相处时间的三分之一：表示轻视。

（4）目光始终注视对方，注视对方的时间超过相处时间的三分之二：表示敌意或感兴趣。

2. 注视部位

  注视对方的部位不同，传达的信息也有所区别，造成的气氛也必将不同。不同的场合和不同的交往对象，目光所及之处应有所差别。

（1）双眼及额头：表示严肃、认真、公事公办。（公务型）

（2）双眼及唇部：表示礼貌、尊重对方。（社交型）

（3）双眼、唇部、肩膀：用于密切的男女关系和至亲的朋友。（亲密型）

3. 注视角度

（1）直视：表示认真、尊重，适用于各种情况。

（2）凝视：表示对交往对象的专注、恭敬。

（3）虚视：指目光游离，表示胆怯、疑虑、走神、疲劳，或是失意、无聊等。

（4）扫视：表示好奇、吃惊。

（5）俯视：可表示对晚辈的宽容、慈爱，也可表示对他人的轻视、傲慢。

客运服务人员在与乘客交谈时，目光要正视乘客的眼部，视线要与乘客保持相应的高度，表现出诚恳与尊重、礼貌，对乘客的凝视时间不应超过 30 秒，切不可长时间盯着对方或反复上下打量，也不可以对人挤眉弄眼，或用白眼、斜眼看人。最佳的凝视区域是以双眼连线为上限，以唇心为底点所形成的倒三角区域。

（二）笑容

笑是人类最美好的表情，有效地利用笑容，可以缩短彼此之间的心理距离，打破交际障碍，为深入沟通与交往创造和谐、温馨的良好氛围。

1. 不同笑容及适用范围

（1）含笑：不出声、不露齿，表示接受对方，对人友善，适用范围较广。

（2）微笑：唇部向上移动，呈弧形，不露齿，表示自信、乐观、友好，使用范围最广。时间不超过 7 秒。

（3）轻笑：嘴巴稍张开，露上齿（8 颗牙齿），不出声，表示欣喜、愉快，多用于会见客人，招呼熟人。

（4）浅笑：抿嘴笑，往往下唇被含于牙齿间，多见于年轻女性害羞之时。

（5）大笑：会让人看到舌头，表现得过分张扬，不太适用于公务场合。

作为客运服务人员，自然流露、发自内心的微笑才是乘客需要的微笑，也是最美的微笑。服务人员在微笑中不仅可以充分、全面地体现自信、热情、尊重，而且能表现温馨和亲切的一面，给乘客留下美好的心理感受。

客运服务人员在微笑时应注意：①微笑大方、自然、友善；②目光中要流露出感情，给乘客以温暖的感觉；③微笑要适度，不可发出声音或大笑；④微笑要注意场合，不能不合时宜；⑤切忌露出缺乏诚意、强装的笑脸，避免"皮笑肉不笑"。

2. 练习微笑礼仪的方法

微笑时，放松面部肌肉，嘴角微微上提，让嘴唇略呈弧形，不牵动鼻子、不发出笑声、不露出牙龈，眼中有笑意。微笑还需要面部各部位相互配合，比如眉头自然舒展，眼神友善真诚。练习微笑礼仪的方法主要有以下几种：

（1）双指法。双手拇指、食指伸出，其余三指轻轻握拢。用两拇指顶在下巴下面，两食指内侧面放在嘴角处，向斜上方轻轻推动，反复多次，直到满意为止。

（2）筷子训练法。这是练习微笑经常用的方法，不仅能够改善上镜大小脸的问题，还能使笑容更加自然。拿一根筷子咬住，让嘴角连起来的线和筷子平行，保持三分钟，如果脸颊的肌肉感到酸痛，是正常的，训练后记得按摩脸部，特别是咬肌，放松肌肉之后效果更好。

（3）对镜微笑训练法。这是一种常见、有效和最具形象趣味的训练方法。端坐镜前，调整呼吸，开始微笑。双唇轻闭，嘴角微微翘起，面部肌肉舒展开来，同时注意眼神的配合。

（4）情绪诱导。练习微笑，还可以用情绪诱导法引导自己露出微笑的表情，并记住这种感觉。如翻看照片、打开喜欢的书、听可以使心情变好的音乐等，通过外界物的诱导，引起情绪的愉悦和兴奋，从而唤起微笑。

在平时还可以通过面部按摩、头颈部运动、唱歌、咀嚼、鼓腮等方法，训练面部及相关部位肌肉的灵活性，使微笑更自然、动人。

二、站姿礼仪

规范的站姿能够展现出个人良好的气质和形象，给人以挺拔向上、舒展俊美、庄重大方、亲切有礼、精力充沛的印象。

（一）站姿的基本要领

站姿动作要领为"头正、肩平、臂垂、胸挺、腿并"，客运服务人员在站立时，应做到以下几点：

（1）头正：摆正头部，两眼平视前方，不要左右乱看，眼睛要有神。不要缩脖子，鼻子嘴巴不能乱动，下颌微收，表情自然，面带微笑。

（2）肩平：保持双肩齐平、微微放松，稍向后下沉，不能耸肩。

（3）臂垂：两肩平整，双臂放松并自然垂于体侧，五指并拢且伸直。

（4）胸挺：腰部正直，挺胸收腹，收紧臀部。

（5）腿并：两腿直立、贴紧，双腿并拢直立或略微分开，脚跟靠拢，两脚尖向前，脚尖尽量在一条线上。

（二）站姿的类型

1. 男性标准站姿

男性标准站姿可以体现男性客运服务人员刚健、强壮、稳重的风采，按手的位置分，可将男性标准站姿分为垂臂站姿、前搭手站姿和后搭手站姿。

（1）垂臂站姿。站立时，双腿和脚后跟并拢，脚尖呈"V"字形分开约60度，身体重心放在两脚中间，头要正，颈要直，两臂自然下垂，双手放松并轻贴在双腿两侧，如图3-4所示。这种站姿是最常用的男性标准站姿，适用于标准体态训练或立姿站岗、出晨会等一些庄重严肃的场合。使用该站姿时切忌东倒西歪、无精打采，注意不要低头、歪脖子、含胸、驼背等。

（2）前搭手站姿。双脚平行分开（两脚之间的距离与肩同宽），右手握拳，左手握住右手腕部，将双手置于小腹前，如图3-5所示，这种站姿适用于与乘客交流时。需要注意的是：双脚左右开立时，两脚之间的宽度不可以过大，不要挺腹，不得双腿交叉。

（3）后搭手站姿。双脚平行分开（两脚之间的距离与肩同宽），右手握拳，左手握住右手腕部，将双手置于腰部，这种站姿适用于巡视站厅时。同样需要注意的是：双脚左右开立时，两脚之间的宽度不可以过大，不要顶髋，向上仰头。

2. 女性标准站姿

女性站姿多以端庄、优美为主，在工作岗位上切忌东倒西歪，无精打采。女性标准站姿可以体现女性客运服务人员温柔、优雅、文静的气质。常见的女性标准站姿分为肃立式站姿、体前交叉式站姿和体前屈臂式站姿。

图 3-4 垂臂站姿　　　　　图 3-5 前搭手站姿

(1) 肃立式站姿。垂臂站姿要求两肩平齐，双臂自然下垂，中指贴于裤缝，两脚跟并拢，脚尖张开 45 度，身体重心落于两腿中间，两眼平视，下颌微收，挺胸收腹。

(2) 体前交叉式站姿。要求右手握左手四指置于小腹前，四指并拢，拇指内收，左手四指不外露，同样身体重心落于双腿中间，可采用 V 字步或丁字步，双眼平视，下颌微收，挺胸收腹，如图 3-6 所示。工作人员在迎送乘客的时候可以采用这种站姿，辅以适当的问候语和欠身致意，表示对乘客的热情和尊重。

(3) 体前屈臂式站姿。与体前交叉式大致相同，只是手位上有区别，要求右手握左手四指置于中腹前，四肢并拢，拇指内收，左手四指不外露，双手呈拱状，如图 3-7 所示。

图 3-6 体前交叉式站姿　　　　　图 3-7 体前屈臂式站姿

知识链接：优美站姿训练方法

（1）背靠背站立法。两人一组，背靠背站立，脚后跟、小腿、双肩、后脑勺相互贴紧。

（2）贴墙站立练习法。在室内靠墙站立，脚跟、小腿、臀、双肩、后脑勺都紧贴着墙，使身体处于一个平面。每次坚持15分钟左右，养成习惯。正确优美的站姿，会给人以挺拔向上、舒展俊美、庄重大方、亲切有礼、精力充沛的印象。

（3）顶书练习法。男同学通过头顶一本书来练习标准站姿，女同学通过头顶一本书并在两膝之间夹一张纸来练习标准站姿。

站立时要始终保持微笑，使规范优美的站立姿势与轻松的微笑自然结合起来，以充分体现规范站姿的美感。

（三）站姿禁忌

在工作中，客运服务人员应避免出现以下不规范站姿：
(1) 双手或单手插兜、叉腰；
(2) 双臂交叉抱于胸前或双手交叉抱于脑后；
(3) 双脚呈"内八字"站立或双腿交叉站立；
(4) 随意抖腿或晃动身体；
(5) 倚物（如墙壁、桌椅等）而立或身体歪斜；
(6) 弯腰驼背或小腹前突。

三、坐姿礼仪

坐姿是指人入座、在座、离座时的姿态。正确坐姿应是时时保持上半身挺直的姿势，客运服务人员标准的坐姿可以给乘客留下大方、稳重的印象。

（一）坐姿的基本要领

（1）入座要轻稳。走到座位前，转身后，轻稳地坐下，切忌快速落座或落座时用力过大。女性入座时，若穿的是裙装，应用手将裙摆稍稍拢一下，保持裙子平整，不要坐下后再起来整理衣服。

（2）双肩平正放松，两臂自然弯曲放在腿上，也可放在椅子或沙发扶手上，掌心向下。

（3）坐在椅子上时，应坐椅面的2/3左右，不宜坐满椅面，脊背轻靠椅背。

（4）入座后，腰部挺直，上身挺直，头要正，嘴角微闭，下颌微收，双目平视前方。女性应双膝并拢，双腿正放或侧放，男性可双膝微开，双腿自然弯曲，双脚平落地面。

（5）离座要自然稳当，右脚向后收半步，然后起立，站定后方可离开，动作轻缓，无声无息。起立时应保持上身平稳、端正，切勿弯腰或左右摇摆。

（二）坐姿要求

（1）男士标准坐姿：坐正，上身挺直，双肩正平，两腿自然分开成45度，与肩同宽，两手分别放在两膝上，大腿和小腿应成直角，如图3-8所示。

（2）女士标准坐姿：坐正，上身挺直，两腿并拢，两脚两膝并拢，两手叠放，置于左腿或右腿大腿部的1/2处，大腿和小腿应成直角，如图3-9所示。

图3-8　男士标准坐姿　　　图3-9　女士标准坐姿

知识链接：优美坐姿的训练方法

客运服务人员应着职业装（女性可穿高跟鞋）练习入座、起立及坐姿。练习在高低不同的椅子、沙发及不同的交谈气氛与环境下的各种坐姿。其重点是上身挺直、双膝不能分开，可以用一张小纸片夹在双膝间，做到起坐时不掉下。

（三）坐姿禁忌

在工作过程中，城市轨道交通客运服务人员应避免出现以下不规范坐姿。

① 坐时前倾后仰，歪歪扭扭。
② 含胸驼背或过于挺胸。
③ 双腿不停地抖动甚至鞋跟离开脚跟晃动。
④ 坐下后脚尖相对，或双腿拉开呈"八"字形，或将脚伸得很远。
⑤ 高架二郎腿，双腿过于分开或腿部伸出过长。
⑥ 双脚搭到椅子、沙发、桌子上。
⑦ 双手放在两腿之间，或放于臀部下面。

四、走姿礼仪

走姿属动态美，协调稳健、轻松敏捷的步态会给人以美感，规范的走姿能够展示出人体的动态美，能够表现出一个人朝气蓬勃、积极向上的精神状态。

（一）正确的走姿要领

正确的走姿要领如下：
（1）头部端正，双目向前平视，微收下颌，表情平和自然。

(2) 双肩平稳，双臂前后自然摆动，摆动节奏和摆幅适当，摆幅以30～40厘米为宜，双肩不要过于僵硬。

(3) 上身挺直，头正，挺胸，收腹，立腰，身体重心稍前倾。

(4) 两只脚的内侧落地时应在一条直线上。

(5) 迈步时，脚尖朝正前方迈出，脚跟先着地，脚掌后着地。

(6) 步幅和步速适当。步幅，男性为40厘米左右，女性为30厘米左右。步速，男子为108～110步每分钟，女子为118～120步每分钟。

走路最忌讳"内八字"和"外八字"，其次是弯腰驼背、歪肩晃膀；走路不要低头或仰头行走，不要大甩手，不要扭腰摆臀，不要左顾右盼，不要双腿过于弯曲、走路不成直线，不要步子太大或太碎，身体不要上下颤动，不要脚蹭地面等。

（二）走姿的注意事项

客运服务人员在工作岗位上走姿的注意事项如下：

(1) 顾及别人的存在。不仅要选择适当的行走路线，和其他人保持一定的方位，还要保持一定的速度。一旦发现自己阻挡了他人，特别是乘客的路，一定要请对方先行。

(2) 养成靠右侧行走的习惯。

(3) 与乘客迎面相遇时，应放慢脚步，面带微笑，并向乘客致意或问候。

(4) 要有意识地让自己的步态"悄然无声"。

优美走姿的训练是在站姿的基础上进行的，具体来说，可以把一本书放在头顶上，放稳后松手，接着把双手放在身体两侧，前脚慢慢地从基本站立姿势起步走。

（三）其他特殊情况下的走姿

(1) 陪同引导。陪同引导客人的时候，客运服务人员应与乘客的行走速度保持一致。如果是在走廊或平地引领，当双方并排走路时，引导人员应在左侧。如果双方单行走路，引导人员要在客人左前方2～3步的位置。当客人不熟悉行进方向时，引导人员应该走在前面外侧。另外，引导人员走的速度不能太快或太慢。经过拐角、楼梯或道路坎坷的地方时，要提醒对方留意，使用手势，并提醒客户"请左拐""这边请""请小心路滑"等。

(2) 上下楼梯。客运服务人员上下楼梯时，应该注意：走专门指定的楼梯（客梯或货梯）；减少在楼梯上的停留；坚持"右上右下"原则；遵守"上下次序"，即出于礼貌可以请客人先走，陪同引导客人，上下楼梯时要走在前面。

(3) 进出电梯。客运服务人员应该注意：乘坐电梯时，应放慢脚步，礼让乘客；乘电梯时碰上不相识的客人，要以礼相待，请对方先进先出。如果负责陪同引导对方，乘无人驾驶电梯时，客运服务人员必须自己先进后出，以方便控制电梯。如果乘有人驾驶的电梯，应客人、上司优先；进入电梯后，要尽量站在里边，下电梯前要做好准备，提前换到门口。

(4) 开关门。客运服务人员开关门时，应该注意：对于向外开的门，应先敲门，打开门后把住门把手，站在门旁，对客人说"请进"并施礼。对于向内开的门，应先敲门，自己随门先进入房间再侧身，把住门把手，对客人说"请进"并施礼。轻轻关上门后,请客人入座。出入房间的时候,特别是在进入房间前,一定要轻轻叩门或按铃,向房内的人通报一下。当和别人一起进出房门时,为表示自己的礼貌要后进后出,请客人先行。在向客人告别离开时,可以后退两三步再转身离去。

(5)助臂。在客运服务工作中,常常需要对老、弱、病、残、孕等旅客主动予以搀扶,以示体贴和周到。搀扶乘客时,应与乘客的行走速度保持一致,并适当暂停休息,注意观察乘客的身体状况,这是给予对方的一种特殊照顾。

课堂练习:走姿练习

三人一组,按以下方法练习走姿:

(1)在地面上画一条直线,男生双脚分别置于直线的两侧行走,女生行走时尽量保持左右脚踩在直线上,行走时挺胸抬头,目视前方,双肩平稳,手臂自然摆动,注意行走的步幅和步速。

(2)一人行走结束后,其他两人进行点评。

五、蹲姿礼仪

客运服务人员在捡拾物品时需要采用蹲姿,在下蹲时,应当采用标准蹲姿。

(一) 蹲姿类型

1. 高低式蹲姿

高低式蹲姿是指双膝一高一低的姿态,要求在下蹲的时候,客运服务人员保持上身挺直,臀部自然弯曲,双膝一高一低,一脚在前,一脚在后。

男性可以适度地分开双腿,将较低的膝盖朝前,如图3-10所示。女性应靠紧双腿,将较低的膝盖贴靠在另一条小腿上,如图3-11所示。这是客运服务人员常常采用的蹲姿。

2. 交叉式蹲姿

交叉式蹲姿是指两腿交叉在一起的蹲姿,仅限于女性使用,特别是身穿短裙的女性采用,如图3-12所示。其优点在于造型优美、典雅。其基本特征是蹲下后双腿交叉在一起。

图3-10 男士高低式蹲姿　　图3-11 女士高低式蹲姿　　图3-12 女士交叉式蹲姿

女性客运服务人员采用交叉式蹲姿时，应双腿交叉重叠，以压在下面的腿为支撑，腰背挺直，上身略微前倾。

3. 半蹲式蹲姿

半蹲式蹲姿一般在行走时临时采用。它的正式程度不及前两种蹲姿，但在需要应急时也采用。其基本特征是身体半立半蹲。

4. 半跪式蹲姿

半跪式蹲姿又叫作单跪式蹲姿，也是一种非正式蹲姿，多用在下蹲时间较长或为了用力方便时采用。

（二）蹲姿禁忌

在工作中，客运服务人员应避免出现以下不规范蹲姿：
（1）在行走过程中突然下蹲或面对他人下蹲。
（2）下蹲时弯腰撅臀，或两脚平行、两脚分开、弯腰半蹲。
（3）下蹲时露出内衣、内裤。
（4）在公共场合采用蹲姿休息。

六、手势礼仪

手势表现的含义非常丰富，表达的感情也非常微妙复杂，是城市轨道交通客运服务中极具表现力的一种体态语言。客运服务人员需要采用不同的手势为乘客指引方向，提醒乘客注意安全。

（一）指引手势

指引手势有横摆式、直臂式、斜臂式、曲臂式、双臂横摆式等，这五种手势的相同点是身体保持基本站姿。

1. 横摆式

迎接乘客表示"请进""请"时常用横摆式。主要用于为乘客提供礼貌提示或指引方向。

动作要领：右手从腹前抬起向右横摆到身体的右前方，将五指伸直并拢，手心不要凹陷，手与地面呈45度角，手心向斜上方。腕关节要低于肘关节。站成右丁字步，或双腿并拢，左手自然下垂或背在后面。头部和上身向伸出手的一侧微微倾斜，目视乘客，面带微笑，表现出对乘客的尊重、欢迎。

2. 直臂式

需要给乘客指方向或表示"请往前走"时，采用直臂式。

动作要领：将右手由前抬到与肩同高的位置，前臂伸直，用手指向乘客要去的方向。一般男士使用这个动作较多。注意指引方向时，不可用一根手指指出，显得不礼貌。

3. 斜臂式（斜摆式）

请乘客入座表示"请坐"时常用斜臂式，手臂应摆向座位处。主要用于请乘客就座或下楼梯、电梯时。手臂要先从身体的一侧抬起，到高于腰部后，再向下摆去，使大小臂成一斜线。

动作要领：一只手由前抬起，从上向下摆动到距身体 45 度处，手臂向下形成一斜线。

4. 曲臂式

当一只手拿东西，同时又要表示"请"或指示方向时采用曲臂式。

以右手为例，从身体的右侧前方，由下向上抬起，至上臂离开身体 45 度的高度时，以肘关节为轴，手臂由体侧向体前的左侧摆动，距离身体 20 厘米处停住；掌心向上，手指尖指向左方，头部随客人由右转向左方，面带微笑。

5. 双臂横摆式

当接待较多乘客表示"诸位请"或指示方向时采用双臂横摆式。表示"请"可以动作大一些。

其动作要领是：将双手由前抬起到腹部再向两侧摆到身体的侧前方，这是面向乘客时的要求。指向前进方向一侧的臂应抬高一些，伸直一些，另一手稍低一些，曲一些。若是站在乘客的侧面，则两手从体前抬起，同时向一侧摆动，两臂之间保持一定距离。

运用手势时还要注意与眼神、步伐、礼节相配合，才能使乘客感觉到这是一种"感情投入"的热诚服务。

（二）手势礼仪的注意事项

不同的手势，表达不同的含义。客运服务人员在运用手势时需要注意的事项如下：

（1）指引时面带微笑，配以亲切的提示语。

（2）指引动作要大方自然，切忌碰到其他乘客。

（3）打招呼、致意、告别、欢呼、鼓掌属于手势范围，应该注意力度的大小、速度的快慢、时间的长短，不可过度。

（4）指引动作有"左、右、前"三个方向，需要表示后面的方位时，左脚或右脚向后退半步，在上身向左或右转身的同时，做出指引动作。

（5）在任何情况下都不要用大拇指指自己的鼻尖和用手指指点他人。谈到自己时应用右手掌轻按自己的左胸，那样会显得端庄、大方、可信。用手指指点他人的手势是不礼貌的。

（6）注意区域性差异。在不同国家、不同地区、不同民族，由于文化习俗的不同，手势的含义也有很多差别，甚至同一手势表达的含义也不相同。所以，手势的运用要合乎规范。

第四节
沟通礼仪

案例导入：客运服务人员讥讽乘客被处罚

一位老人急着乘地铁去给生病住院的老伴送饭，在客服中心购买车票时，发现自己忘带钱包了，她问售票员能不能先帮她取票，让她乘地铁去给老伴送饭，等她送完饭在老伴那里拿到钱后再回来支付票款。该售票员用不屑的语气说道："哪有乘地铁除账的规定？赶紧回去拿钱，别耽误后面的乘客购票。"老人听后十分气愤，怒指工作人员没有一点素质。在一旁巡视的值班站长看到了这一幕，径直走向客服中心，真诚地向老人道歉，并帮老人垫付了票款。下班后，值班站长对该售票员进行了严厉批评，并要求其他客运服务人员注意与乘客之间的沟通方式，对乘客不埋怨、不讽刺、不谩骂。

思考：案例中的售票员作为地铁站客运服务人员，存在哪些错误行为？

沟通是指为了一个设定的目标，把信息、思想和情感在个人之间或群体间传递，并且达成共同协议的过程。

城市轨道交通客运服务沟通礼仪是指城市轨道交通客运服务人员在与乘客沟通的过程中应遵循的礼仪规范。良好的沟通礼仪能够更好地帮助城市轨道交通客运服务人员表达自己的观点，让乘客理解与配合客运服务人员的工作，进而提升客运服务质量。

一、沟通礼仪的基本原则

客运服务人员在与乘客沟通的过程中，除了要使用服务用语外，还需要注意语气、语速、眼神、表情、手势等。具体来说，客运服务人员在与乘客进行沟通时，应严格遵守以下基本原则：

（1）尊重对方。和乘客进行沟通时，应该尊重对方的意见和观点。不要打断对方的发言，要耐心地倾听并给予回应。尊重对方的存在和感受，能够建立良好的沟通氛围。

（2）保持适当的身体语言。身体语言是非常重要的沟通方式之一。保持良好的姿势，保持眼神交流和微笑等都能够传递出积极的信息。同时，避免过于夸张或者消极的身体语言，以免引起误解。

（3）使用适当的语气和语速。语气和语速会直接影响到沟通的效果。在沟通过程中要尽量使用友善、温和的语气，避免使用过于强势或者威胁的语气。同时，语速也要适中，不要过快或过慢，以免对方难以理解。

（4）注意言辞和用词。客运服务人员在沟通中，要注意言辞和用词的准确性。避免使用带有侮辱或者歧视性的词语，尽量使用客观、中肯的表达方式。同时，使用适当的语言，以确保对方能够理解。

（5）善于倾听和提问。沟通不仅仅是表达自己的观点，更重要的是倾听乘客的意见。要学会倾听，不要急于打断对方，给予对方足够的时间表达。同时，在适当的时候提问，以更好地理解对方的观点。

（6）谦虚和尊重他人。在进行沟通时，要保持谦虚和尊重的态度，不要过分自信或者自负，要尊重乘客的观点和感受，虚心听取乘客意见。

（7）解决冲突和分歧。在沟通中，难免会出现冲突和分歧。要学会妥善处理这些问题，避免情绪化或者激烈的争吵。可以通过沟通、协商和妥协的方式解决问题。

（8）表达感谢和赞赏。在沟通过程中，要学会表达感谢和赞赏。当乘客提供有价值的意见时，要及时表示感谢。

二、服务用语礼仪

语言是人们表达思想、交流感情、沟通信息的工具和手段。城市轨道交通客运服务人员在和乘客接触的整个过程中始终离不开语言交流。客运服务人员的语言运用、表达能力，直接影响服务的水平和城市轨道交通企业的声誉。客运服务人员在工作岗位上服务乘客的时候，必须自觉遵守相关服务用语规范，还要注意沟通交流的态度、表情和表达方式等。

1. 服务用语规范

在城市轨道交通客运服务中，客运服务人员须自觉地讲究服务用语礼仪，遵守有关的服务用语规范，与乘客沟通必须注意语言的规范性、礼节性、准确性、逻辑性、策略性，说话的声调要温和、文雅、亲切、谦逊，切不可说脏话粗话，恶语伤人，更不可用粗野庸俗的话刺激、侮辱乘客。

（1）服务语言应使用普通话（当对方使用方言时除外），口齿应清晰，语调要柔和，语气亲切，音量适中，内容简洁。同时，应掌握与服务岗位相关的简单英语会话。

（2）问候乘客时，要适当地运用称呼，表示对乘客的尊敬。如"您、先生、女士、小朋友"等。

（3）用语礼貌文雅，坚持使用敬语、委婉语、致歉语等表示尊敬、温暖、谦和的语言。服务时使用"请、劳驾、欢迎、谢谢、再见"等；表示歉意时使用"对不起、非常抱歉、请原谅、不好意思"等。

2. 服务的态度

客运服务人员在与乘客交流时，要端正态度、全心全意为乘客服务；表情要大方自然、态度诚恳、面带微笑、用心倾听。

（1）主动服务。接待乘客要文明礼貌、处理问题要实事求是、对待工作要耐心细心、服务乘客要积极主动，主动迎送、主动扶老携幼、主动解决乘客困难、主动征求乘客意见。但热情周到的服务也要适度。

（2）重点照顾。对老、弱、病、残、孕及怀抱婴儿或其他有特殊困难的乘客，应体贴照顾、热情周到，在提供帮助前应征得乘客本人的同意。

（3）礼貌待人。在服务过程中，以亲切柔和的口吻和诚恳谦和、文明礼貌的态度对待每一位乘客。礼貌待人应做到乘客来时有迎声，乘客问询时有答声，照顾不周时有歉声，乘客帮忙时有谢声，乘客走时有送声，并做到"五不计较、三不说"。

① "五不计较"。"五不计较"即乘客反复挑剔不计较，乘客频繁问事不计较，乘客提意见不计较，乘客态度急躁不计较，乘客失礼不计较。

② "三不说"。"三不说"即不说伤人的话，不说噎人的话，不说过头的话。

三、电话服务礼仪

客运服务人员在与乘客进行电话沟通时的态度、语气等会影响乘客对城市轨道交通运营单位的印象。为了提供优质的电话服务，客运服务人员应掌握正确的电话沟通礼仪。

(一) 准备工作

打开电脑上的查询系统,整理好办公用品,将笔、纸等记录工具摆在易于取用的位置,以便在记录乘客信息时使用。

将手机设为静音模式或关机,以免在接听电话时发出声音,影响电话服务质量。

保持坐姿端正,面带微笑,用积极、热情的态度准备接听乘客的电话。

(二) 接听电话的要求

接听电话时,客运服务人员应做到语气柔和、音量适中、语速恰当、用语礼貌,具体要求如下:

(1) 电话接听及时。客运服务人员应在电话铃响3遍之前及时接听,不能让乘客久等。若在电话铃响6遍后才接听,就应该在第一时间向乘客表示歉意:"对不起,让您久等了!"

(2) 注意接听细节。接听电话时,客运服务人员应当用左手拿稳电话,空出右手,以便随时用纸、笔记录有用信息或在电脑上查询信息。

(3) 确认称呼方式。接到乘客电话时,客运服务人员应首先进行自我介绍。若需要确认乘客身份,应礼貌地询问:"请问我应当如何称呼您?"

(4) 讲究接听技巧。客运服务人员接听电话时,唇部应和话筒保持4厘米左右的距离,以免换气声影响通话质量,将耳朵贴近听筒,仔细聆听乘客讲话。

(三) 接听电话礼仪

(1) 保持愉悦的心情、欢快的语调感染乘客。

(2) 在接听电话时,应主动说:"您好,长沙地铁2号线××站,请问您在哪里?您有什么事情?"

(3) 如果没听清楚对方说话,应说:"对不起,我没听清楚您的讲话,请您重复一遍好吗?"电话结束时,要说"再见",在确认对方已挂断电话后才放下听筒。

(4) 如对方要找的人正在处理其他工作或不在,应表达自己可以给予帮助的意向,说:"对不起,他(她)现在不在车站,请您留下电话、单位和姓名,等他回来给您回电话好吗?"

(5) 认真清楚地记录。

(6) 语速均匀,没有乡音或是杂音,说话时语气、语调要柔和,恰当把握轻重缓急、抑扬顿挫。

(7) 当需要暂时搁置电话或需要乘客等待时,客运服务人员应提前给予说明。但不宜让乘客等待的时间过长,且应每过20秒回应乘客一次,让乘客知道电话并未被挂断。

(8) 无论乘客的态度怎样,客服人员都要控制自身的情绪,保持平和的心情。

四、语言表达技巧

客运服务人员在为乘客提供服务时,应注意交谈的语句,要给旅客一种诚恳、亲切、自然的感觉,幽默而不低俗,机智而不失礼。

（一）询问的技巧

询问在客运服务人员的服务工作中是十分重要的，它起着解释、提示和打破僵局的作用。客运服务人员向乘客提出问题时要把握好尺度，掌握提问的技巧。客运服务人员询问的技巧如下：

（1）直接型询问。直接型询问方式是指客运服务人员可以直接向乘客提出疑问，请求乘客给予解答。这种提问方式比较直接，简单明了，可节省时间，并且方便快捷地得到答案。

（2）诱导型询问。在不想被乘客发现自己意图的情况下，客运服务人员可以采用诱导型询问。用牵引思路的方式一步一步地询问，辗转迂回，将乘客的思路引导至自己预定的方向上来，从侧面得到自己想要的信息。

（3）选择型询问。选择型询问即客运服务人员向乘客提出问题时，将预计的答案一并提出，供其选择。大多时候，选择型询问用于征求对方的意见。

（4）提示型询问。在不便直接向乘客提出建议或要求的情况下，客运服务人员可以采用提示型询问的方式去暗示乘客。提示型询问是一种比较委婉的交流方式，可以在使乘客避免尴尬的情况下比较轻松地达到了解某些问题的目的。

（二）回答的技巧

客运服务人员在回答问题时，应当诚恳、及时，让乘客感觉到他的问题受到了重视，人格得到了尊重。询问时需要技巧，回答时需要艺术。并不是乘客询问什么，客运服务人员就必须回答什么，先思而后答，机智、灵巧、礼貌才是真正的妙答。客运服务人员回答的技巧如下：

（1）直接式回答。直接式回答是最常用、最普通的一种回答方式。这种方式简单、直接，用于乘客合理的简单询问。

（2）设定前提式回答。在回答乘客提问时，客运服务人员不便将答案直接说出口或者不便回答，采用设定一个前提条件，或者假设一种环境的方法。例如，乘客问："女士，你长得这么漂亮，怎么不去当空姐啊，当站务员不委屈你了吗？"客运服务人员答："如果我去当空姐了，谁在这里为您服务呀！"

（3）巧借前提式回答。如果乘客提出让人尴尬或难以回答的问题，客运服务人员可以借用乘客的话语借题发挥，用自己组织的语言将尴尬场面或困境补救过来。

（4）答非所问式回答。答非所问式回答实际上是一种回避术。在服务过程中，客运服务人员常会遇到乘客询问一些不便回答的问题，这时可以采用答非所问的回避术，避开话题，脱离尴尬。例如，乘客问："小姐，你今年多大了？"客运服务人员答："我已经参加工作好几年了。"

（5）否定前提式回答。有时对于乘客提出的问题或阐述的观点，客运服务人员需要否定，但又不能正面否定，这时可以用否定前提的方式给予回答。例如，乘客问："小姐，你们这车中途都在哪里停啊？"客运服务人员答："对不起先生，咱们是直达列车，中途不停靠。"

（6）无效式回答。无效式回答也是一种回避术，即等于什么也没说。在问题不能回答或没有必要跟随乘客的话题时，可采用无效式回答来打消乘客的继续发问。例如，乘客问："小姐，你的电话号码是多少啊?"客运服务人员答："不多，好几个。"

(7) 将错就错式回答。有时乘客在交谈中无意间说错话，造成尴尬场面，客运服务人员可以采用将错就错式回答，对乘客的话题进行弥补，以促其自省，也给乘客找个"台阶"下。

五、客运服务沟通禁忌

在与乘客沟通的过程中，客运服务人员应避免出现以下问题：
(1) 声音太大或太小，口齿不清，语言含糊。
(2) 不懂装懂，搪塞、推诿乘客。
(3) 语速过快或过慢。
(4) 使用过于专业的术语。
(5) 使用责备的语气、粗鲁的语言。
(6) 随意打断乘客说话，表现出不耐烦的情绪和神色。
(7) 一边回答乘客的问题一边做其他事。
(8) 与乘客闲谈或对乘客评头论足。

任务训练单

任务一：仪态礼仪训练

专业		班级	
姓名		小组成员	

一、任务要求

(1)学生分组，每组5~8人，按照要求分别进行仪态训练。
(2)着正装，完成一组客运服务人员站姿、坐姿、走姿、蹲姿、表情、手势的规范性动作。
(3)对演练效果进行评价，并纠正错误的姿态。
(4)各组学生进行互评，观看组对演练组学生的演练效果进行评价。
(5)其他小组和教师根据表3-2对任务实施结果进行考核评价。

二、任务实施

1. 分组展示客运服务人员在工作中的仪态礼仪，每组出场先由组长介绍模拟情景和角色，运用动作要领和要求进行站姿、坐姿、走姿与蹲姿礼仪的规范性演练。
2. 分角色扮演(可扮演站务员、安检员、售票员、值班站长、乘客等)，每人要轮换角色进行扮演。
3. 在情景模拟中，要结合正确的表情和手势来表达，增强仪态礼仪的表现力。

三、任务考核评分

表3-2 任务考核评分表

考核评分内容	分值	教师评分	小组互评分
站姿、坐姿、走姿、蹲姿、手势礼仪动作规范	50		
表情礼仪运用恰当	20		
态度端正、应变灵活	15		
模拟演练过程团结协作	15		
总分			

注：小组互评分是各小组评分总和的平均值，总分＝小组互评分×40％＋教师评分×60％。

任务二：客运服务沟通礼仪训练

专业		班级	
姓名		小组成员	

一、任务要求

(1) 学生分组，每组 5~8 人，按照要求分别进行情景模拟演练。
(2) 自行设计对白及情景，内容包括：文明用语、问询应答、引导、接听电话等内容。
(3) 以小组为单位，将 4 个情景串联起来模拟，分为乘客和工作人员两种角色，每个人轮换角色表演。
(4) 各组学生进行互评，观看组对表演组学生的演练效果进行评价。
(5) 其他小组和教师根据表 3-3 对任务实施结果进行考核评价。

二、任务实施

1. 分组展示客运服务人员在工作中的服务礼仪，每组出场先由组长介绍模拟情景和角色。
(1) 文明用语：设计情景（客运服务工作中），运用文明用语和标准语言进行分组表演。
(2) 问询应答礼仪：当乘客问询时，应如何回答，设计一个情景，分不同问题进行角色扮演。
(3) 引导礼仪：如何引导乘客乘坐电梯或列车？请设计一个情景进行模拟。
(4) 接听电话礼仪：如果接到乘客的电话投诉，如何进行接听和回答？请设计问题进行演练。
2. 分角色扮演（可扮演售票窗口工作人员、值班站长、列车巡查员、乘客等），每人要轮换角色进行扮演。
3. 在情景模拟中，要使用礼貌用语，并结合正确的仪态、微笑、眼神和手势来表达语言，增强语言的表现力。

三、任务考核评分

表 3-3 任务考核评分表

考核评分内容	分值	教师评分	小组互评分
服务用语礼仪规范	20		
对沟通服务内容和常见问题处理熟练	25		
态度端正、应变灵活	15		
模拟演练过程仪容仪表得当、仪态礼仪规范	40		
总分			

注：小组互评分是各小组评分总和的平均值，总分＝小组互评分×40％＋教师评分×60％。

任务三：礼仪知识问答竞赛

专业		班级	
姓名		小组成员	

一、任务要求

(1) 学生分组，每组 6~8 人。
(2) 竞赛题为抢答题、必答题、风险题，分三个阶段进行，每阶段时间为 15~20 分钟，抢答时举手报告，并站起来回答，10 秒内必须作答。
(3) 每一阶段结束后公布每组得分情况，三个阶段都结束后，公布每组总分情况及排名。
(4) 根据每组总分排名评出优秀组；根据同学互评，评出每组的优秀人员。

二、竞赛形式

(1) 抢答题：每题 1 分，答题时间 10 秒，答对加 1 分，超过答题时间、答错题、不能回答的不得分。各组在主持人宣布开始后抢答，任一组员均可抢答，抢答时举手报告，并站起来回答，10 秒内必须作答。
(2) 必答题：每组每人 1 题，各组队员按照座位顺序依次作答，每题 1 分，答题时间 10 秒，答对加 1 分，超过答题时间、答错题、不能回答的不得分，答题过程中其他组员不得提示或暗示，否则视为违规，违规不得分，此题作废。
(3) 风险题：按照抽题号决定所答题目，设 5 分、10 分、15 分三个分数段，时间 60 秒，各组自愿选择不同分值的题目，可由任一组员进行回答，其他组员可在规定时间内进行补充，答对加相应的分数。在规定时间内答错题或不能回答的，不得分。

续表

三、实施要点

（1）每组分别选出 1 名成员作为计分人员，本组成员不能为本组计分；从班级中选择 1 名同学作为计时人员，1 名同学作为总核分员，核对漏记或者多记情况。计时人员和计分人员要公平公正。

（2）班长和副班长作为监督员，并维护纪律。如必答题队员进行了提示，抢答题队员犯规等，可提出扣分意见，进行扣分。

（3）各组不得携带任何资料、手机等进行作答，各组队员要做到守纪律，听指挥，不可喧哗。

课后练习题

一、选择题

1. 在穿制服时不宜佩戴过多的饰品，每次佩戴不超过（　　）件，饰品要简洁大方。
   A. 1　　　　　B. 3　　　　　C. 5　　　　　D. 10

2. 在人际交往时，常常把目光投向对方，占相处时间的三分之二左右，这表示（　　）。
   A. 敌意　　　　B. 友好　　　　C. 尊重　　　　D. 轻视

3. 客运服务人员在与乘客交谈时，目光要正视乘客的眼部，视线要与乘客保持相应的高度，表现出诚恳与尊重、礼貌，对乘客的凝视时间不应超过（　　）秒。
   A. 10　　　　　B. 15　　　　　C. 20　　　　　D. 30

4. 坐姿要领要求客运服务人员坐在椅子上时，应坐椅面的（　　）左右，不宜坐满椅面，脊背轻靠椅背。
   A. 1/3　　　　　B. 2/3　　　　　C. 3/4　　　　　D. 4/5

5. 指引手势中，迎接乘客表示"请进""请"时常用（　　）。
   A. 直臂式　　　B. 斜臂式　　　C. 曲臂式　　　D. 横摆式

6. 当一只手拿东西，同时又要表示"请"或指示方向时采用（　　）。
   A. 直臂式　　　B. 斜臂式　　　C. 曲臂式　　　D. 横摆式

7. 客运服务人员应在电话铃响（　　）遍之前及时接听，不能让乘客久等。
   A. 3　　　　　B. 5　　　　　C. 10　　　　　D. 20

二、填空题

1. 客运服务人员适当化妆可以提升个人气质，也能体现对乘客的尊重，面部修饰应遵循＿＿＿＿、＿＿＿＿、＿＿＿＿的原则。

2. 构成表情的主要因素包括＿＿＿＿、＿＿＿＿。

3. 男性标准站姿可以体现男性客运服务人员刚健、强壮、稳重的风采，按手的位置分，可将男性标准站姿分为＿＿＿＿站姿、＿＿＿＿站姿和＿＿＿＿站姿。

4. 女性标准站姿可以体现女性客运服务人员温柔、优雅、文静的气质，常见的女性标准站姿分为＿＿＿＿、＿＿＿＿、＿＿＿＿。

5. 客运服务人员在捡拾物品时需要采用蹲姿，蹲姿分为＿＿＿＿、＿＿＿＿、＿＿＿＿以及＿＿＿＿四种类型。

6. 在不想被乘客发现自己意图的情况下，客运服务人员可以采用＿＿＿＿询问。

7. 在不便直接向乘客提出建议或要求的情况下，客运服务人员可以采用＿＿＿＿

的方式去暗示乘客。

8. _____方式比较直接，简单明了，可节省时间，并且方便快捷地得到答案。

三、判断题

1. 客运服务人员化工作妆时应选择正式且符合工作性质的妆容。（　　）
2. 女性客运服务人员不能留刘海。（　　）
3. 客运服务人员应按季节统一穿着制服，可根据自己喜好更换制服。（　　）
4. 在非工作时间，除集体活动或工作需要外，不得穿制服出入公共场合和乘坐列车。（　　）
5. 最佳的凝视区域：以双眼连线为上限，以唇心为底点所形成的倒三角区域。（　　）
6. 陪同引导客人的时候，客运服务人员应与乘客的行走速度保持一致。（　　）
7. 在沟通过程中要尽量使用友善、温和的语气，避免使用过于强势或者威胁的语气。（　　）
8. 若在电话铃响3遍后才接听，就应该在第一时间向乘客表示歉意："对不起，让您久等了！"（　　）

四、简答题

1. 简述化妆的注意事项与禁忌。
2. 简述客运服务人员的服装要求。
3. 简述站姿的基本要领。
4. 简述客运服务人员应避免出现的不规范站姿。
5. 简述客运服务人员的坐姿禁忌。
6. 简述客运服务人员在工作岗位上走姿的注意事项。
7. 简述手势礼仪的注意事项。
8. 简述接听电话的要求。

第四章
城市轨道交通车站客运服务

内容导读

车站是城市轨道交通系统最重要的组成部分,是乘客上下车、换乘的场所。为了帮助乘客顺利乘车,城市轨道交通运营单位会安排客运服务人员为乘客提供车站客运服务,如导乘服务、厅巡服务、票务服务、安检服务、闸机服务以及站台服务。车站客运服务可以直接影响乘客的乘车体验和乘客对城市轨道交通客运服务质量的评价。客运服务工作人员须掌握相关规范,正确、恰当地将相关要求应用于实际工作中,进而提高服务的水平和质量。

本章主要介绍城市轨道交通车站客运服务的相关知识,具体包括城市轨道交通服务环境、站厅服务、票务服务、闸机服务、站台服务和特殊服务。

知识目标

(1) 掌握导乘服务和厅巡服务。
(2) 掌握票务服务。
(3) 熟悉安检服务。
(4) 掌握闸机服务和站台服务。
(5) 掌握特殊乘客服务和乘客伤病应急服务。

能力目标

(1) 能够遵守各项服务规范,为乘客提供优质的客运服务。
(2) 能够正确应对和处理车站服务中的各种常见问题。
(3) 具备应对突发事件的应变能力。

素质目标

(1) 培养吃苦耐劳、爱岗敬业的职业精神。
(2) 培养勇于创新的探索精神。
(3) 培养良好的服务态度和服务意识。

第一节
城市轨道交通服务环境

案例导入：成都地铁服务再升级

成都地铁部分线路由于规划较早，卫生间服务容量与线路客流不匹配，在早晚高峰时段容易排长队，对乘客出行造成困扰。收到乘客意见后，成都地铁针对卫生间服务容量升级开展了实地调研，确定了科学合理的卫生间空间改造方案。主要改造内容如下。

1. 打造全龄友好型卫生间

以儿童、老年人、母婴、特殊乘客等全龄阶段乘客的多层次需求为导向，在部分车站现有结构基础上，增设了儿童洗手台、婴儿护理台、儿童小便斗、无障碍手控电动门、全智能坐便器等全龄化卫生间服务设施，为不同需求的乘客提供更加便捷、暖心的服务，助力构建全龄友好型社会。

2. 加强空间除味增香能力

针对部分老旧线路车站卫生间通风效果较差、异味较大、装饰设施老化、褪色等问题，成都地铁多次组织工作人员实地考察，经过设计调研，成都地铁因地制宜制定多项整改方案。对有条件新增排风设备、改造排风管路的车站进行改造升级，对不具备动工条件的卫生间，通过增设固体香膏、飘香机、绿植等方式，加强空间除味增香能力，营造干净、卫生的出行环境。

3. 保持工器具清洁无污染

卫生间清洁用具的干净对于维护环境卫生而言同样重要，为进一步提升卫生作业质量，成都地铁对满足条件的卫生间开展了清洁物资的精细化管理。设置清洁备品工器具分区，粘贴标识标牌、定位摆放，并严格按照各类清洁用品使用频率、使用场景进行定期更换，保持美观整洁的同时保证工器具的清洁无污染，不仅塑造了公共卫生间整洁的外形，也为市民乘客的文明出行营造了良好的氛围与环境。

思考：城市轨道交通车站的服务环境卫生要求有哪些？

一、服务环境卫生与服务环境保护的一般要求

（一）服务环境卫生要求

城市轨道交通车站的服务环境卫生要求如下：

（1）运营单位应向乘客提供适宜的候车和乘车的环境。

（2）运营单位应科学做好公共区域通风、换气等工作，保证空气清新和环境整洁；列车客室内的温度、新风量应符合 GB/T 7928 的规定；封闭式车站的温度、新风量应符合 GB 50157 的规定。

（3）车站的候车和乘车环境应整洁，应及时清除尘土、污迹、垃圾等，车站及车厢内座椅、扶手、内墙、玻璃及通风口无明显积灰；车站地面一旦发现大件垃圾或大

面积积水现象，应立即清理。

(4) 洗手间应保持干净、无明显异味，无明显垃圾、污物、涂鸦、小广告、杂物堆放（工具堆放区除外）情况。

(5) 车站、列车车厢、空调系统、公共卫生间等直接与乘客接触的服务设施、反复使用的车票应定期清洁、消毒。

(6) 运营单位应建立完善环境、卫生和重大传染性疾病的投诉、报警的公众信息渠道、设备和设施，通过车站电子屏、站内广播、车载视频、海报等多种形式，根据卫生防疫工作需要开展卫生防护和疫情防控知识宣传。

(7) 运营单位应在车站储备应对公共卫生突发事件便捷使用的装备、器材和卫生用品用具。

(8) 出现公共卫生事件或异常情况疑似公共卫生事件时，运营单位应在第一时间进行情况报告，视情况联系 120 救护机构或疾病预防控制中心开展人员救治和疾病防治工作，并组织该站人员进行疏散隔离。

(二) 服务环境保护要求

城市轨道交通车站服务环境保护的要求如下：
(1) 列车客室噪声限制应符合 GB 14892 的规定。
(2) 车站噪声限值应符合 GB/T 14227 的规定。
(3) 宣传横幅、标语、广告等不应遮挡标志标识、指示牌、公告、通知等服务设施，或影响其使用。
(4) 广告宣传灯箱及灯光的使用不应影响标志标识、指示牌、公告、通知以及设施设备的辨认和使用。

二、车站运营环境要求

车站环境整体要求是干净整洁、宽敞舒适、协调美观。

(一) 标志标识及张贴物品要求

(1) 各种导向标识要统一位置、悬挂端正，保持清洁明亮；临时标识内容清晰，放置正确，不得漏字、错字及使用不规范文字。
(2) 在运营时间，乘客乘车区域内不能悬挂与运营活动无关的物品。
(3) 车站设置的各类标识不能出现倾斜、卷翘和破损现象。
(4) 车站张贴、悬挂的各类公示牌应整齐，无破损；过时的规定、公告等应及时更新、更换。
(5) 车站临时张贴的宣传标语、招贴画等，在张贴期间破损的应及时更换，按期撤除、清理。
(6) 车站壁画应洁净，不应有残、蚀、剥落现象，不应有积尘、污垢。
(7) 车站宣传字画应有艺术性，并保持完好、美观，不应产生卷曲、起皱现象，不应脱色、产生水渍。
(8) 车站、车内广告设置应合理有序，不得影响运营服务标识的使用效果。
(9) 车站、车内广告应保持完好、整洁、无积尘，对破损、脱色严重的广告应及时维修、更换。

（二）站台、站厅卫生要求

城市轨道交通车站站台站厅卫生要求如下：

（1）车站出入口、步行梯、通道、站厅、站台等场所应通畅，地面应保证完好、平整、防滑。

（2）城市轨道交通车站站台站厅地面或墙无痰迹、无垃圾、无尘土、无水渍、无污渍，保持干爽，有光泽；站台墙、柱、门、窗无痰迹、无印迹、无泥点、无黑灰；边、角、棱、沿无黑灰、无塌灰、无蛛网。

（3）各出、入口必须保持整洁、畅通，无卖艺者、乞讨者等流浪人员滞留，出口及通道墙壁和玻璃无乱张贴、涂写，无杂物堵塞通道，任何单位和个人均不得在上述范围内停放车辆和堆放杂物；出、入口及公共区扶梯表面干净整洁，扶手带、挡板无灰尘，梯级上无垃圾或杂物。

（4）垃圾箱外表清洁、无虫蚁等，无特别气味，周围不得有污迹杂物，箱体外部不得有污垢，箱内杂物不得超过箱口。挂式垃圾桶如有损坏应立即维修或搬走，不得摆放于地上使用；圆形垃圾桶必须上锁。

三、列车环境管理要求

城市轨道交通列车卫生整体应做到玻璃洁净、清洁舒适、协调美观。车厢内卫生做到无污垢、杂物、沙尘、水渍，保持干爽洁净；车身卫生做到无污垢、无水渍、无明显灰尘、洁净明亮；车顶卫生做到无明显油垢、无灰尘、洁净。其具体要求如下：

（1）投运列车在发车前应做好清洁工作，确保列车外观的清洁；车厢内窗明座净，地板上无纸屑、无污渍。

（2）车厢内各种宣传品与张贴栏应保持完好、齐全，过期、无效、破损的张贴物应及时清除或更新。

（3）运行列车在终端站应有专人利用列车折返的时间进行清扫，至少保证终端站发出的列车内部地面无纸屑、污渍。

第二节
站厅服务

案例导入：导乘服务不到位惹投诉

2021年11月5日下午，一名乘客乘坐地铁外出办事，列车车厢内的电子报站牌故障呈黑屏状态，而地铁列车上并没有语音播报，导致该乘客坐过了站，出地铁站后又转乘公交才到了目的地。事后，该乘客打电话投诉了地铁司机。

思考：地铁司机应该为乘客提供哪些服务？

按照客运服务人员工作岗位的空间范围来分，城市轨道交通客运服务分为站厅服务和站台服务。站厅服务主要有导乘服务、厅巡服务、安全检查服务等。

一、导乘服务

导乘服务是乘客乘坐城市轨道交通时最先接触到的客运服务，对乘客的乘车体验有重要影响。

（一）标志导乘服务

为了给乘客提供更好的导乘服务，让乘客能够快速、有序地乘车，车站内部和外部均应设有导乘标志。城市轨道交通车站导乘标志设置要求如下。

（1）城市轨道交通车站内导向标志应醒目、易辨、连续、合理、完善，实现明晰有效的客流路径引导，必要时设置临时性标志疏导客流。

（2）在城市轨道交通车站外 800 米范围内应提供清晰、明确、合理、连续和统一的导向标志，以满足不同交通方式之间的换乘引导需求。

（3）在车站出入口、站厅、站台和主要设施设备附近设置位置标志，向乘客提示车站出入口、站厅、站台和主要设施设备的位置。

（4）在车站出入口、车站通道、站厅、站台等位置的醒目处设置导向标志，为乘客指引正确的进站、换乘和出站方向。

（5）在车站出入口、站厅、站台等的醒目处设置综合信息标志，以公示本车站的首末班车时间、列车间隔时间、车站运营时间、周边公交线路等信息。

（二）广播导乘服务

广播是车站值班员对车站办公用房和站内乘客进行公众语音广播的主要设备。车站客运服务人员可通过广播系统向乘客播报列车信息、换乘信息、乘车注意事项、车站运行时间等信息。

车站的广播设施应具备集中广播和分区广播的功能。自动广播发生故障时，应能够进行人工广播。广播设施应音质清晰、音量适中、不失真。特定情况下，客运服务人员通过广播系统为乘客播报的信息内容主要包括：

（1）列车晚点时，向乘客播报列车晚点的原因、列车预计到达时间等，并安抚乘客，请乘客耐心等候列车。列车晚点无法预测后续列车到达时间，或已知列车短时间无法到站时，连续播放列车故障模式广播。

（2）站台乘客较多或有乘客越出黄线时，应在站台区域反复播放站台候车广播，提醒乘客在黄色安全线外有序排队候车。

（3）车站运营结束或将要结束，向乘客播报本站末班车时间和车站关门时间，提醒乘客及时离开。即末班车开出前 5 分钟时，站台连续播放末班车出发预报广播；末班车开出前 3 分钟，站厅连续播放两次停止购票进站广播；末班车开出后，站台、站厅连续播放关站广播，提醒乘客尽快离开，以免被关在车站内。

（4）遇雨雪天地面湿滑，应在车站站台、站厅、出入口区域连续播放雨天广播，提醒乘客小心地滑，以防摔倒。

（5）进闸乘客较多时，应在站厅区域连续播两次停止购票进站广播，可视情况增加播放次数。乘客出闸人数较多时，应在站厅区域连续播放两次出闸广播，也可视情况增加播放次数。

（6）在列车电子报站牌出现故障时，列车司机要通过语音播报告知乘客前方到站名称；列车车门关闭开始行驶时，播报下一站到站名称。

（7）有乘客遗失物品或与家人、亲友走散时，在车站各个区域重复播报寻物、寻人广播，帮助乘客找回失物或与家人、亲友团聚。

（8）发生突发事件（如火灾、地震等）需要疏散乘客时，客运服务人员应通过广播系统及时疏散车站内的乘客。

课堂阅读：广州地铁换乘引导卡

广州地铁是全国日均客流量最大的地铁系统之一，在繁忙时段经常会出现列车晚点等意外情况。对于不熟悉路线、不习惯使用导航或社交媒体的乘客来说，这样的情况会导致混乱和不便。

为了给乘客提供更好的客运服务，广州地铁推出了换乘引导卡，为游客提供更加精准、实时的服务。这些引导卡列出了从各换乘站到热门景点的换乘路线建议，以及紧急情况下特定路线的绕行换乘路线指引。这样，即使在繁忙时间或临时变动时，乘客仍能顺利转达目的地。

广州地铁换乘引导卡不仅为乘客提供便捷的服务，还具有"微文创"的功效，体现了创新的文化元素。通过这个小小的尝试，广州地铁不仅为游客提供了舒适的出行，也为广州的城市形象增添了亮丽的色彩。

（三）人工导乘服务

按服务对象划分，人工导乘服务可分为普通乘客导乘服务和特殊乘客导乘服务。普通乘客导乘服务是指客运服务人员为普通乘客提供的人工导乘服务，主要包括指引设施设备的位置、指引换乘通道和站台入口的位置、规划乘车线路等。

二、厅巡服务

（一）厅巡岗工作职责

（1）注意站厅各个区域乘客的动态，及时发现并制止有违反城市轨道交通管理规定的行为。

（2）发现乘客携带超长、超大、超重物品时，应禁止其进站，并对乘客耐心解释。

（3）帮助乘客，回答乘客问询，要特别注意帮助老、弱、病、残、孕等特殊乘客，为他们提供优质服务。

（4）发现乘客携带行李吃力时应主动提供帮助。

（5）引导乘客正确操作票务设备，巡视车站自动售/检票设备的运行情况，协助值班站长、行车值班员及时进行钱箱、票盒的更换或清点工作。

（6）负责巡查站厅、出入口，保证设备设施的正常运行，遇设备故障及时摆放"暂停服务"警示牌；做好相关巡查记录，发现安全隐患时应及时报修，并上报车站控制室。

(7）负责站厅、出入口的客流组织工作，及时疏导乘客，防止乘客过分拥挤或排长队，客流变化时应及时汇报车控室。

(8）站厅、出入口发生治安安全事件时，应及时赶到，保护现场，寻找两名及以上目击证人。

(9）留意地面卫生，发现积水、垃圾和杂物等时，应及时通知保洁人员处理，同时设置警示牌，防止乘客摔倒。

(10）发现精神异常或醉酒的乘客时，应禁止其进站乘车，并及时汇报车控室，必要时请求警务人员或同事协助，保证自身安全。

(11）向值班站长报告不正常情况，向行车值班员报告处理不了的问题。

知识链接：车站控制室

车站控制室（图4-1）是车站的指挥、调度和管理中心。车站控制室内的综合后备盘（IBP）与现场设备（如信号灯、站台门、自动扶梯、门禁系统等）直接连接，当出现紧急情况时，车站控制室的工作人员可通过综合后备盘控制现场设备。

图 4-1 车站控制室

（二）厅巡岗服务程序及内容

1. 班前工作

工作开始前，厅巡岗工作人员应做好以下准备工作：

(1）上岗前在车站规定时间内到车控室签到，了解当天工作注意事项，接受上级交代的工作，学习有关通知内容。

(2）领取相关钥匙，包括屏蔽门钥匙、扶梯钥匙、边门钥匙、票务设备钥匙以及员工通道门钥匙等，在"钥匙借用登记本"上登记。

(3）领取站台站厅应急卡、对讲机，并在"车站备品领（借）用登记本"上登记。

(4）带齐工作备品准时到岗。

2. 班中工作

在巡视过程中，厅巡岗工作人员应做好以下工作：

(1）上岗后，立即对站厅、站台巡视一遍，之后每小时巡视一次，按巡视制度对车站各项设施设备进行巡视，监督工作区域内的卫生情况，并向车控室汇报。

（2）留意乘客携带的物品，防止乘客携带违禁物品或超大、超重物品进站。发现异常时，及时报告车站控制室并采取有效处理措施。

（3）观察站厅内乘客的动态，防止影响车站正常运营的事情发生。发现乘客精神异常时，及时报告车站控制室，必要时报警求助。发现乘客受伤时，及时报告车站控制室，并帮助乘客处理伤口。

（4）认真解答乘客的问询，给予乘客正确的指引，如遇自己不懂的问题可向其他同事请教然后为乘客解答。

（5）引导乘客正确操作自动售检票系统（AFC）设备，注意自动售检票设备故障情况，发现问题应及时报车控室，并通知自动售检票系统维修人员到站维修，并在故障设备上放置"暂停服务"警示牌。

（6）当站厅出现乘客排长队时，要协助疏导排队客流。

（7）发生客伤、车门/屏蔽门夹人或夹物等情况时，要及时赶到现场处理，注意寻找证人及维持站台秩序。

（8）发现有人故意损坏或偷窃站厅设施设备时，立即制止并防止肇事者逃逸，然后及时报告车站控制室。

（9）协助客运值班员更换TVM钱箱、闸机票筒等。

（10）负责站厅边门的管理，按规定给特定乘客开边门。

（11）协助做好乘客进出站的客流组织工作。在末班车出发后，负责站厅的清客工作，并在清客完毕后关闭车站出入口。

（12）听从车站控制室的安排，协助处理车站突发事件，维持站厅内的秩序。

3. 班后工作

工作结束后，厅巡岗工作人员还应做好以下工作：

（1）与下一班相关工作人员交接班，把工作备品交还到车控室，并在相应台账上注销。

（2）参加班后总结会。

（3）阅读完当天文件或规章，到车控室签字下班。

（三）厅巡服务常见问题及处理方法

在城市轨道交通客运服务中，最容易发生纠纷的是乘客进出站服务，厅巡服务过程中常见问题及处理方法如表4-1所示。

表4-1　厅巡服务常见问题及处理方法

厅巡服务常见问题	处理方法
乘客携带气球或宠物进站	及时制止，并向乘客解释："对不起，为了您的安全和保持车站环境，请不要携带气球或宠物乘车，谢谢合作。"
发现携带大件行李的乘客	（1）礼貌地和乘客沟通，建议其使用直梯或走步行梯："您好，您的行李较多，为了您的安全，请使用直梯，谢谢您的配合。" （2）引导其从宽闸机进出站
自动扶梯出现故障	在上下扶梯口分别设置维修屏障或放置"自动扶梯出现故障，请走步行梯"的提示牌

续表

厅巡服务常见问题	处理方法
发现儿童在自动扶梯上嬉闹	劝阻儿童:"请不要在自动扶梯上打闹。"并请家长看管好儿童
有乘客在自动扶梯上摔倒	立即关闭自动扶梯,察看乘客伤势,并向值班站长汇报
乘客反映自动售票设备无法使用	先确认设备状况,若设备出现故障,可引导乘客去人工售票窗口购票或充值,在设备上悬挂"设备故障"警示牌,并报告值班站长
出现票务问题需要前往客服中心办理	耐心地和乘客解释清楚,若情况许可,最好能陪同乘客一同前往解决问题;若不能,则礼貌地指明客服中心的方向

(四)厅巡服务注意事项

厅巡服务人员在工作中的注意事项主要包括以下几个方面:

(1)多巡视、多观察、多提醒、多听。多巡视是指按车站巡视要求,加强对站厅购票乘客和车站候车乘客的巡视;多观察是指对设备和乘客动态要多观察,及时处理异常情况;多提醒则是主动提醒乘客安全候车、有序乘车;多听是指多听乘客对服务的意见、建议。

(2)在乘客求助时,不得对乘客不理不睬、不得怠慢处理。当多名乘客同时求助时,根据实际情况分轻重缓急依次处理,必要时可报告车控室。

(3)在客流高峰时段,巡视岗人员巡视站厅时,应统一配手提广播器上岗,在客流引导时声音不宜过大,宜吐词清晰、积极主动,不得拿广播器对着乘客喊话,使用广播录音功能时不得连续播放。

(4)与乘客发生纠纷时,应避免与乘客发生正面冲突;若乘客情绪激动,应注意进行自我保护;若乘客行为危及车站客运服务人员人身安全,应及时报警处理。

(5)及时提醒车控室查看自动售检票系统设备中的钱箱、票筒情况,以便在乘客较少时及时更换。

(6)岗位职责范围内能解决的问题要及时、果断处理,避免处理时间过长;不能处理的问题应及时通知值班站长。

三、安全检查服务

为了确保乘客旅行过程中生命财产不受威胁,作为乘客出行的首发站的安全检查工作必须严格、规范。实施安全检查服务,一方面能够在心理层面上对恐怖分子进行威慑,将发动恐怖袭击的动机扼杀于萌芽阶段;另一方面,可以通过人防、技防、物防的有效串联,将易燃易爆物品、枪支弹药、管制刀具等威胁运营安全的物品拒于车站门外,是乘客安全出行和运营稳定的有效保障。

(一)安全检查的方法

城市轨道交通安全检查一般有三种检查方法:一是 X 射线安检设备,主要用于检查乘客的行李物品;二是探测检查门,用于对乘客的身体检查,主要检查乘客是否携带禁带物品;三是磁性探测器,也叫手提式探测器,主要用于对乘客进行近身检查,如图 4-2 所示。

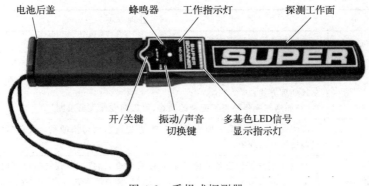

图 4-2　手提式探测器

（二）安全检查流程

安全检查人员应该以规范的服务流程完成安全检查工作，具体流程如下。

1. 迎接

检查之前，应主动提示："您好，请接受安检，谢谢您的合作。"

2. 操作

检查时，应主动伸手去帮助乘客把包放到检测仪上或抬到桌子上。

（1）行李物品检查。乘客将行李物品放到 X 射线安检设备的传送带上，工作人员可通过 X 射线安检设备显示器检查乘客的行李物品。如发现有疑似违禁物品，须由安全检查人员开包检查。若存在违禁物，安检人员有权利要求乘客将违禁物放入车站专用储存设备内再乘车或改乘其他交通工具，公安机关明令禁止的违禁物可进行查收，并做好相关记录，拒不服从安检人员、强闯安检关卡且情节严重者可转交公安机关。

（2）乘客贴身检查。乘客通过特设的探测门，进行身体检查。乘客通过探测门发出报警声时，安检员应持金属探测器扫描乘客全身，将违禁物品以及可能导致发出报警声的钥匙、打火机等金属物品掏出来，直到检查时不再发出报警声为止，并按规定进行处理。

3. 告别

检查之后应向乘客表示感谢："给您添麻烦了，请您慢走。"并帮助乘客把行李从检测仪上拿下来。

（三）安检服务常见问题及处理方法

为了保障城市轨道交通运营安全，安检员应能熟练处理安检服务中的常见问题，安检服务中的常见问题及处理方法如表 4-2 所示。

表 4-2　安检服务常见问题及处理方法

常见问题	处理方法
乘客携带超长、超重物品	（1）提醒乘客："对不起，根据乘车规定，您不能携带超长（超重）的物品进站。" （2）耐心地向乘客解释城市轨道交通相关规定，建议乘客改乘其他交通工具。 （3）如果乘客因为东西太重不愿出站，可以寻求其他同事帮助乘客出站

常见问题	处理方法
乘客携带宠物	立即制止乘客携带宠物乘车,并向乘客解释说明原因
乘客携带违禁品	(1)要求乘客把箱包打开接受检查,检查时保护乘客隐私。 (2)耐心地向乘客解释城市轨道交通相关规定,向乘客详细指出违禁品类型、危害性及其处理方式。 (3)如遇态度强硬拒不配合的乘客,可以向安保人员求助
安检客流较大	提醒安检完毕的乘客加快通过速度,并提醒后面待检的乘客提前做好准备,避免出现拥挤忙乱的现象
乘客遗失行李	发现X射线安检设备的传送带上有乘客遗失的行李物品时,应尽快核查行李物品中是否有能表明失主身份的物品,并通过广播系统寻找失主;若暂时无法找到失主,可将该行李物品暂时存放在车站,等待失主寻回

(四)安检服务的注意事项

安检员在工作中的注意事项主要包括以下几个方面。

1. 逢包必检

为了保障城市轨道交通运营安全,安检员应要求乘客将其随身携带的各类箱包放到X射线安检设备上接受检查。

2. 对限带物品的保管

车站安检工作站(点)不得接受乘客限带物品的暂存和其他物品寄存。对安检过程中乘客自弃的限带物品,由车站专人负责管理并建立台账,记录收到的时间、地点、数量及品名。发现乘客遗留在安检现场的物品,应当由两名以上安检人员共同清点和登记,及时交由车站专人保管。

3. 贴身安检"男不查女"

安检人员手持探测仪对乘客进行贴身安检时,应遵循"男不查女"的原则,主要是为了避免不必要的尴尬和纠纷。目前,受安检人员数量限制,负责贴身安检工作的安检人员以女性为主。接受贴身安全检查的乘客应给予配合。

课堂阅读:文明待客,热情服务

城市轨道交通行业以客运服务为中心的经营指导思想和以服务为本、乘客至上的经营宗旨,决定了客运服务人员需具备全心全意为乘客服务的职业道德。因此,客运服务人员应以文明礼貌的态度,热情周到地接待每一位乘客,使他们在乘车需求得到满足的同时,受到人格的尊重,这是客运服务人员职业道德的一个中心内容。

(1)文明礼貌、尊重乘客。文明礼貌、尊重乘客是客运服务人员职业道德的一个基本要求。文明礼貌是处理人与人之间关系的一种社会美德,其核心是对他人的关心和尊重。对城市轨道交通客运服务人员来说,对乘客的尊重就是用文明礼貌的言行举止和以理服人、得理让人的态度去对待乘客。

(2)方便周到、热情服务。为乘客乘车提供方便和周到的服务,努力满足乘客的各种需求,是体现热情周到服务的重要方面,也是客运服务人员主要的职业责任和义务。例如满足乘客的基本需求,开、关车门时提醒乘客注意安全,满足他们的特殊需求,这是对客运服务人员职业道德规范的重点要求。

第三节 票务服务

案例导入：人工售票

某日早高峰期间，一名乘客手持 10 元人民币在地铁 A 站客服中心购票乘车，由于赶时间，乘客急忙中只拿了找零 7 元，而没有拿车票，到进站口才发现没拿车票，又返回客服中心向售票员反映情况。而售票员一脸不耐烦地说"是乘客自己将车票弄丢了，不要影响后面排队乘客购票"，该乘客只得气愤地重新购票进站。随后，该乘客向地铁运营公司投诉了售票员的行为。

思考：（1）人工票务服务的工作程序是怎样的？

（2）票务服务常见问题有哪些？

一、自动售票服务

自动售票服务的内容包括购票引导服务、操作指导服务和故障处理服务。

1. 购票引导服务

注意观察乘客动态，客运服务人员应及时引导乘客到自动售票机处或客服中心排队购票，发现不会购票的乘客应给予帮助。

2. 操作指导服务

自动售票机和自助充值设备上或附近应有醒目、明确、详尽的操作说明。

（1）当乘客不会使用自动售票机时，客运服务人员应耐心指导乘客使用自助售票设备。指导过程中，应尽量让乘客自己操作，避免与乘客发生接触，从而避免产生不必要的纠纷。

（2）提醒乘客妥善保管车票，出站时单程票将被收回，并用规范的手势为乘客指明乘车方向。

3. 故障处理服务

当自动售票机出现卡币、卡票现象时，客运服务人员应耐心地听乘客解释事情的过程，安抚乘客情绪。首先，应检查设备的状态；其次，要冷静地处理，以解决问题、使乘客满意为基本目的。

（1）检查设备状态，若设备显示卡币或卡票，向乘客道歉并按规定办理，当设备出现故障时，悬挂"设备故障"标志，并请维修人员前来修理。

（2）若设备显示正常，则按有关规定开启设备维修门。确认有卡币或卡票现象后，立即向乘客道歉："对不起，设备出现故障，请您谅解，我会马上为您处理。"或者说："对不起，我们立即为您重新发售车票。"

（3）如果打开维修门后，确认没有出现卡币或卡票现象，则由工作人员向乘客做好解释工作，必要时可以交给值班站长处理。

二、人工票务服务

客服中心一般设置在站厅层,售票员的工作范围在客服中心岗亭内,售票员听从车站站长的安排,根据乘客的需要,在半自动售票机上为乘客提供售票、退票、票卡分析等服务。

(一) 售票员的主要岗位职责

(1) 负责当班的售票工作。
(2) 处理与乘客相关的票务事务。
(3) 负责当班备品、报表、单据、现金、票务钥匙的管理,并负责其安全。
(4) 完成相应票务报表的填写,对填写的票务报表和当日票款收益负责。
(5) 完成上级布置的其他票务工作。

(二) 人工售票一次作业程序

售票员在售票过程中应严格执行"一问、二收、三唱、四操作、五找零"的一次作业程序。具体作业内容如表 4-3 所示。

表 4-3　人工售票作业程序及内容

作业程序	作业内容
一问	问清乘客目的站点及购票张数
二收	(1)收取乘客票款,除银行规定不能收的钱币不收外,其他都应按规定收取; (2)收取的票款不应直接放进钱箱
三唱	说出所收票款金额,重复车票信息(车票类型、目的站等)和数量
四操作	(1)检验钞票真伪,采取"一看""二摸""三听""四测"的程序验明真伪后放于桌面,若判断为假币,委婉地请乘客换一张钱币; (2)为乘客出票,按照操作步骤发售单程票,操作的同时让乘客查看显示屏上的信息
五找零	清楚地说出找零金额和车票数量,礼貌地将零钱和车票一起交给乘客

知识链接:人工票务服务的注意事项

(1) 严禁拒收旧钞、零币。
(2) 在收取大额票款后,应使用验钞机验钞。
(3) 仔细核对车票信息,确保准确无误。
(4) 发售储值卡时,应向乘客说明押金金额,并提醒乘客阅读储值卡背面的"使用须知"。
(5) 礼貌地用双手向乘客递交车票和零钱。
(6) 严禁向乘客强找旧钞、零币。

三、票务服务的常见问题及其处理方法

为了给乘客提供优质的客运服务,售票员应该熟悉并会处理常见的票务问题,票

务服务中常见的问题及其处理方法如下：

1. 硬币或零钱不足

在给乘客找零或兑零时，如遇硬币或零钱不足的情况，售票员应向乘客耐心解释："对不起，这里的硬币（零钱）刚好兑换完，请您稍等或到另一个客服中心（如车站有多个客服中心）兑换。"并立即通知客运值班员增配零钱。

2. 乘客车票丢失

如果乘客在进闸前（非付费区内）遗失车票，售票员应建议乘客重新购买1张车票。如果乘客进闸后（付费区内）遗失车票或无票，售票员应告知乘客须按最高单程票价补交车费后出闸。

3. 乘客退票

城市轨道交通线路因故中断运营时，售票员应免费为乘客办理退票手续，运营单位应采取相关措施减少乘客出行损失。如果乘客因自身原因需要退票，售票员应按相关规定进行处理。

4. 乘客插队

若发现有乘客插队购票，售票员应及时发声劝阻："您好，请您按顺序排队，我会尽快为您服务，谢谢合作。"若乘客拒不配合，售票员可联系车站安保人员前来维持现场秩序。

5. 收到假币、残币

（1）在收到疑似假币时，售票员应向乘客解释清楚，请乘客另外换一张纸币，若乘客执意不换，应立即报告值班站长。

（2）若收到缺损面积小于1/4的残币，售票员应按规定正常收取票款并出票。

（3）若收到缺损面积大于1/4的残币或辨认不清面值的纸币，售票员应耐心地向乘客解释并要求乘客换一张比较新的纸币。

6. 换取福利票

福利票是指城市轨道交通运营单位给持有有效证件的相关人员（如残疾人、军人等）发放的免费乘车的票卡。售票员应熟悉福利票换取制度，当乘客换取福利票时，售票员应仔细核查乘客的证件并登记，然后热情地将福利票递给乘客。

课堂阅读：2024年沈阳地铁退票规定

为不断提升运营服务质量，秉承乘客至上的服务理念，方便乘客"无忧"出行，沈阳地铁将此前推出的"车票安心退"便民服务举措进行再升级。具体服务规则如下：

1. 未进站单程票退票

乘客购买单程票后，在进站前临时取消乘车，车票无进站记录且可读取票卡信息的，可于售出当日到购票车站办理退票。

2. 已进站车票退票

乘客进站后临时取消乘车，可于进站5分钟（含）内到进站车站办理退票手续。单程票可读取票卡信息的，车站予以回收，等价退还乘客现金；盛京通卡、银联卡闪付、二维码（含盛京通、微信、支付宝、云闪付、农行掌银等APP）、人脸等取消本次消费记录。乘客从边门出站。

3. 错过末班车退票

乘客已购车票但错过进站车站末班车的，可于当日到进站车站办理退票。单程票可读取票卡信息的，车站予以回收，等价退还乘客现金；盛京通卡、银联卡闪付、二维码（含盛京通、微信、支付宝、云闪付、农行掌银等APP）、人脸等取消本次消费记录。乘客从边门出站。

第四节
闸机服务和站台服务

案例导入：进闸被阻引发纠纷

某日，一名乘客带着一名儿童在选择从宽通道闸机通过时，被客运服务人员小张拦了下来。小张耐心地跟乘客解释："按照规定，一名乘客只允许免费携带一名身高1.3米以下的儿童乘车，初步目测您的孩子身高已经超过了1.3米，请您配合测量一下孩子的身高。"而该乘客却不耐烦地说道："不需要测，我孩子的身高肯定没有1.3米，有什么好测的？"

小张继续解释道："请您配合我的工作。如果孩子的身高超过1.3米，您的行为就属于逃票。"该乘客愤怒地说道："不要瞎说，我会为了省几块钱而逃票吗？再说了你说的乘车规定有依据吗？我要投诉你！"

思考：面对乘客的违规行为，如果你是上述案例中的客运服务人员，会怎么处理？

一、乘客进闸服务

（一）进闸机一次作业程序

客运服务人员在闸机处引导乘客进闸时，要严格执行"一迎、二导、三处理"的一次作业程序。具体内容如表4-4所示。

表4-4 进闸机一次作业程序

作业程序	作业内容
一迎	乘客进站时，以客运服务人员标准站姿站在闸机一侧为乘客提供服务（不要正面对着乘客），目光关注乘客进站动向
二导	引导乘客进闸机，发现乘客车票无法使用时，及时协助乘客解决问题
三处理	（1）对不能正常进出闸的票卡，引导乘客到客服中心进行处理； （2）拾获车票要及时回收； （3）遇闸机故障，及时引导乘客到其他闸机通道进站，并按规定在设备旁设置"设备故障"警示牌，对故障情况进行登记并报告车站控制室； （4）帮助有需要的乘客打开边门，做到随开随关； （5）对需凭证件出入的乘客，认真验证后放行； （6）遇公司接待或团体票从边门进站时，应在一旁提供引导服务

（二）乘客进闸常见问题及处理方法

1. 携带大件行李而不便进闸

行李必须是城市轨道交通规定允许携带范围内的尺寸。

（1）若车站有宽通道闸机，客运服务人员应指引乘客使用宽通道闸机进闸。

（2）若车站无宽通道闸机，或经宽通道闸机仍不便通过时，客运服务人员可以为该乘客打开边门，引导乘客从边门进站，并告诉乘客保管好车票。

2. 验票失败不能过闸机

乘客遇刷卡不能进站的情况时，客运服务人员应检查是否为闸机故障，若是闸机出现故障，则悬挂"暂停服务"牌并报告车站控制室；若为车票原因，则引导乘客前往客服中心进行处理。

3. 乘客进闸时进食

客运服务人员应该立即上前制止，并向乘客解释："为了保持车站及车厢的环境卫生，请勿在进闸后进食，谢谢合作！"

4. 成人带 1.2 米以下儿童进闸

若成人带 1.2 米（各城市规定不一致，北京为 1.3 米，湖南在 2023 年 9 月落实"14 周岁以下儿童凭有效证件免费乘坐公交地铁政策"）以下儿童进闸时，应提醒乘客刷卡后让儿童先行，成人随后由通道迅速通过，以免儿童被夹伤；或者打开边门，让儿童从边门进站。

5. 乘客违规使用学生票、老人票、福利票

若发现乘客违规使用学生票、老人票或者福利票，客运服务人员应立即上前制止，核实后没收其违规车票，并要求其重新购票进站。

6. 成年人或超过免费乘车身高的儿童故意逃票

当发现成年人或超过免费乘车身高的儿童故意逃票时，客运服务人员应立即上前制止，并要求其按规定购票。

课堂阅读：成都地铁全线网闸机实施人脸识别功能

2021 年 9 月 1 日，成都地铁在已开通运营的 12 条地铁线路、287 座地铁车站全面上线人脸识别过闸功能，成为全国唯一在全线网范围内所有闸机一次性全面上线该功能的城市地铁。市民乘客下载成都地铁 APP 后通过上传、扫描面部特征即可进出闸机。该项技术结合疫情创新推出"支持戴口罩刷脸无感乘车"功能，有效实现了市民乘客出行"无接触""高效率""安全化"。

成都轨道智慧乘客服务平台包括智慧票务（人脸识别）、智慧安检和智慧测温，是成都市政府下达的 2021 年重点任务之一。该系统是国内迄今为止应用规模最大、集成度最高、产品序列最完整的"智慧城轨"一体化综合性项目。

该系统上线后，实现了"一脸通行""一秒响应"，提升了地铁出行的便捷程度，推进了智慧防疫的交通场景应用，筑牢了市民安全便捷出行"第一防线"。

二、站台服务

站台服务是城市轨道交通车站客运服务的重要组成部分，在早晚高峰时，站台上来往乘客较多，稍有疏忽，就有可能发生安全事故，尤其是在乘客上、下车时容易混乱，客运服务人员和乘客之间也容易发生纠纷。因此，站台服务需要确保乘客安全，并要注意服务技巧的运用。

站台服务主要包括站台岗作业标准、站台岗接送列车作业程序、站台服务常见问题及处理方法、站台服务注意事项。

（一）站台岗作业标准

1. 班前作业

站台服务人员应在班前做好以下准备工作：

（1）按规定着装，佩戴工号牌，戴好袖章，做到仪表整洁、仪容端庄。

（2）到车控室签到，查阅当班情况登记本的内容记录，由值班站长交代当日工作事项及注意事项。

（3）领取监控亭、通道门、屏蔽门钥匙，在"钥匙借用登记本"上登记。领取对讲机（确保工作状态良好），在"备用品领（借）用登记本"上登记。

（4）到岗检查备品是否齐全、完好（包括监控亭），与上一班交接完毕后向车控室汇报。

2. 班中作业

站台服务人员应按规定在站台层巡视和站岗，主要工作内容及标准如下：

（1）来回巡视站台，引导乘客站在黄色安全线外排队候车，维持好候车秩序，遵守"先下后上"的乘车秩序，确保乘客上下车安全。

（2）按照站台岗作业标准监视列车到站、发车情况，列车驶入本站时，要面向车的方向、在紧急停车按钮附近站岗。需要清客的待车停后上车清客（一般为终点站），不需要清客的需要维持乘客上车秩序；发车时面向车门站立并敬礼，待车开离本站才能离开。

（3）监视候车乘客动态，及时回答乘客的问题并帮助有需要的乘客，尤其是特殊乘客。发现乘客受伤时，及时报告车站控制室，并协助处理受伤事故。

（4）列车关门时，确认车门和站台门的闭合情况。若发现车门、站台门未闭合或有乘客被夹住，及时通知司机打开车门和站台门，并采取相应的应急措施。

（5）做好设备巡视工作，遇设备故障，应及时报修，并报告车站控制室。

（6）确保站台卫生清洁，无杂物、纸屑，无积水，发现站台不清洁或有积水时，立即通知保洁处理，并在有积水处放置"小心地滑"的告示牌。

（7）站台发生异常情况（包括列车延时到站），影响车站的正常运作，马上向车控室汇报，并按指示逐步处理。

（8）车站发生伤亡事故时，应及时向有关部门汇报，做好取证工作，疏导乘客，不扩散事态，并协助公安人员清理现场。

（9）接完最后一趟载客列车或列车故障时，根据上级命令做好列车清客作业。

3. 班后作业

站台服务人员在当班工作结束后应做好以下工作：

（1）做好交接班工作，与下一班工作人员交接工作备品（监控亭、屏蔽门钥匙），并在相应台账上记录。

(2) 参加班后总结会。

(3) 阅读完当天文件或规章，到车控室签名下班。

课堂阅读：地铁站台安全事故

2023年9月11日下午5点左右，当时正值下班高峰期，上海地铁8号线西藏南路站发生了一起惊心动魄的事件。当时地铁站内人流密集，一名身穿黑色连衣裙的女乘客，在从列车下车时不慎掉入了地铁站台与列车之间的缝隙（站台缝隙是指地铁站台与列车之间存在的空隙，这个空隙是为了保证列车在行驶和停靠时的安全，避免因为轨道弯曲、车厢摇摆、车轮磨损等因素导致列车与站台发生碰撞），大腿被卡住，无法动弹，只能用手撑着站台边缘，以免进一步滑落，乘客表情十分痛苦和恐惧，不断呼救。

为确保该乘客的安全，有好心的乘客扒着车门，防止地铁门关上，还有乘客提醒地铁工作人员不要启动列车。还有人拨打了120急救电话，并向地铁工作人员报告了情况，地铁工作人员迅速采取了紧急处理措施，包括展开救援、安慰女子、请求消防部门支援，并按下紧急制动按钮，确保列车不会继续移动，以保障乘客的安全。经过约10分钟的努力，消防部门到达现场，并使用液压扩张器将缝隙撑开，成功将女子救出，女子被送往医院进行检查和治疗，所幸没有造成严重伤害。

（二）站台岗接送列车作业程序

站台岗在接送列车时应遵循"一看、二接、三送"的作业程序。

一看：列车进站前，站在安全线内的规定接车位置，面向列车进站方向，目光左右巡视，确认线路无障碍；引导乘客在安全线内候车，宣传安全候车。若发现轨道上有异物或有危及列车安全运营和乘客安全的情况，立即向驾驶员发出停车信号或按下紧急停车按钮，并向行车值班员汇报。

二接：列车进站时，站台服务员在安全线内接车；列车头部接近站台时，转体90度面向列车；列车停稳后，应注意车门开启情况及乘客上下车情况，宣传"先下后上，有序乘车"；列车关门时，如车门和屏蔽门未正常关闭，站台岗工作人员要及时上前处理。

三送：列车启动时，注意列车动态及站台情况，如有异常，及时通知值班站长或行车值班员；当列车尾部经过接车位置时转体90度，面向列车出站方向，目送列车出站界（有屏蔽门的车站，屏蔽门关后站务员应及时巡视）。

（三）站台服务常见问题及处理方法

1. 乘客站在黄色安全线以外或蹲姿候车

处理方法：通过车站固定录音广播、人工广播向乘客宣传："站台候车的乘客，请勿越出黄色安全线或蹲姿候车，谢谢合作！"

2. 乘客手扶或倚靠站台门

处理方法：客运服务人员及时走近或用手提广播提醒："您好，请勿手扶或倚靠站台门，谢谢合作。"

3. 乘客在站台追逐打闹

处理方法：及时上前制止正在追逐打闹的乘客，提醒家长带好自己的小孩，不要让他们随意在站台上奔跑。

4. 乘客吸烟

处理方法：发现有乘客吸烟，应立即制止，并礼貌地解释："对不起，为了安全，地铁站内禁止吸烟，请您熄灭烟头，谢谢合作。"

5. 发现乘客携带大件行李

处理方法：应主动提醒乘客注意安全，防止行李碰伤其他乘客或掉下轨道，并提醒其到达目的地时应乘坐升降电梯。

6. 乘客乱扔垃圾

处理方法：及时上前制止，要特别注意服务态度，并使用礼貌用语。

7. 乘客衣物或行李被车门或站台门夹住

处理方法：可根据实际情况按压站台列车紧急停车按钮，通知车控室或列车驾驶员紧急停车。

8. 乘客物品掉落轨道

处理方法：

（1）立即提醒并安抚乘客："请勿私自跳下轨道，我们的工作人员将会尽快为您拾回物品，谢谢合作！"

（2）站台岗员工用对讲机通知车控室处理，同时要确保乘客不能有跳下轨道的行为。

（3）如掉落物品不妨碍行车安全，或无法用拾物钳夹上来，可与乘客解释："我们会在今天运营结束后帮您寻找，请明天来站询问。"并请乘客留下联系方式，待物品取回后交还。

9. 特殊乘客需要帮助

处理方法：

（1）发现有老人独自候车时，指引其到站台的座椅上边休息边等候列车；列车进站后，陪同老人上车并为其安排座位。

（2）发现有精神异常的乘客时，立即联系车站控制室，并加强对站台层候车秩序的维护力度。

（3）发现有身体不适的乘客时，主动上前询问情况，并指引其到站台的座椅上休息；若乘客症状较严重，应立即联系车站控制室。

10. 站台等候乘客较多

处理方法：应用车控室广播和站台手提广播提醒乘客："站台候车的乘客，请按箭头排队候车，谢谢合作！"

11. 乘客衣物或行李被车门或站台门夹住

处理方法：可根据实际情况按压站台列车紧急停车按钮，通知车控室或列车驾驶员紧急停车。

12. 列车晚点，延误乘客时间

处理方法：

（1）值班站长在列车晚点10分钟以上时，应立即采取措施，通知各岗位列车晚点,做好对乘客的解释工作。

(2) 按列车故障、晚点规定,在车站计算机上设置列车故障模式。

(3) 用标准广播,向乘客播放相关票务政策,为乘客提供全面的服务让乘客满意。

(四)站台服务注意事项

客运服务工作人员在进行站台服务时应注意做到"四到""四多""三勤"。

1. "四到"

"四到"指的是心到、话到、眼到、手到。

(1) 心到:精神高度集中、能随时应变异常情况。

(2) 话到:提醒乘客按排队箭头候车、不要越出黄线,礼貌疏导客流,及时进行安全广播,并制止违章乘客的行为。

(3) 眼到:巡视并密切注视乘客动态、安全门工作状况及列车运行状态。

(4) 手到:主动处理问题,如发现地面有水,及时设置"小心地滑"牌,设备故障时放置"暂停服务"的标牌,地面较脏时及时找保洁人员清扫等。

2. "四多"

"四多"指的是多监视、多巡视、多联系、多提醒。

(1) 多监视:密切监视站台乘客情况及安全门工作状况,必要时采取合理措施。

(2) 多巡视:沿安全线内侧来回巡视乘客和线路情况(自己不越过安全线),巡视时做到认真、细致、周全和及时。

(3) 多联系:多观察设备和乘客动态,发现异常情况及时与司机、车站控制室及其他岗位联系,做出正确处理。

(4) 多提醒:主动通过人工广播提醒乘客看管好物品,看好小孩,不得在站内跑闹、追逐,不得拥挤,到人少的一端候车,先下、后上等。

3. "三勤"

(1) 在站台上发现乘客伤亡或其他异常情况时,及时寻找目击证人并记录。

(2) 遇蛮横不讲理的乘客应及时与值班站长、公安联系,切莫与乘客有正面冲突。

(3) 站台人员在列车车门亮灯即将关闭时站在靠近扶梯紧急按钮处,以防因乘客抢上抢下发生夹人等事件,站台客流不均匀,要及时引导与控制,以防乘客拥挤。

三、乘客出闸服务

客运服务人员应关注乘客的出闸情况,为有需要的乘客及时提供服务,乘客出闸过程常见问题及处理方法如下:

1. 乘客投入单程票后无法出闸

处理方法:

(1) 引导乘客使用正确的方法投入单程票出站。

(2) 若乘客车票异常,应引导乘客前往乘客服务中心进行处理。

(3) 若乘客因超时或超程无法出闸,应向乘客解释原因,并要求其补票。

2. 乘客越过闸机

处理方法:客运服务人员应立即上前制止并请乘客出示车票。若乘客没有车票,应要求其按规定补票。

3. 乘客遗失车票

处理方法：引导乘客到客户服务中心办理补票手续。

第五节 特殊服务

案例导入：爱心接力

某日，某市地铁服务热线接到一名残障人士需要乘坐地铁的预约电话。该乘客表示自己将于次日上午 10 时左右进入 A 站，目的站是 B 站，中间要在 C 站换乘。

服务热线的接线员分别通知 A 站、B 站、C 站客运服务人员关于该乘客的预约信息。三个车站的客运服务人员互相配合，共同完成接送乘客进站、上车、下车、换乘、出站等工作。

思考：乘车过程中，客运服务人员应给残障乘客提供哪些服务？

一、特殊乘客服务

特殊乘客服务是指客运服务人员向老人、儿童、身体不适的乘客、残障乘客等特殊乘客提供的服务。客运服务人员应当为特殊乘客提供更加贴心、周到的服务。具体服务内容如下：

1. 服务老人

（1）对老年乘客，客运服务工作人员在服务过程中一定要耐心提示，适当放慢语速，适当放大音量，细致地帮助老年乘客解决问题。

（2）老年乘客进出站时，客运服务工作人员应礼貌地引导老年乘客搭乘直梯或走楼梯，如果乘客坚持搭乘自动扶梯，则由工作人员陪同乘客一起搭乘自动扶梯。

2. 服务儿童

（1）儿童只有在大人的陪同下才可以进入车站，工作人员提醒乘客遵循"儿童在前、大人在后"的刷卡进站原则。

（2）客运服务工作人员要特别关注儿童乘车，提示看护人照看好身边的儿童，避免发生因儿童快跑及随意走动引发的摔伤。

（3）发现走失的儿童，应带领其至安全场所，并设法联系其监护人或报警。

3. 服务身体不适的乘客

（1）当乘客身体不适时，当班客运服务人员发现情况后要第一时间上前询问乘客的身体情况，提供必要帮助。

（2）在征得乘客同意后去休息室或综合控制室休息，并为其倒水。

（3）如果稍作休息后乘客无好转迹象，在询问过当事人后帮忙叫救护车。

（4）当出现可能影响公共卫生安全或正常客运，以及需要进行人文关怀或乘客要求隔离等情况，可根据需要对现场进行隔离，并配合做好后续工作。

4. 服务残障乘客

在工作中，客运服务人员遇到残障乘客乘车时，应陪同并协助其完成由出入口进出站厅、引导购票、安全检查、进出付费区、上下车等乘车环节。

（1）由出入口进出站厅。如果有直梯，帮助残疾乘客搭乘直梯；如果没有直梯，则安排乘客乘坐残疾人专用电梯。

（2）引导与陪同。在推行轮椅的过程中应注意行进速度和稳定性；在轮椅陪护过程中应减少对其他乘客的妨碍，轮椅行进过程中提示周围乘客避让。

（3）协助安检。引导乘客至安检位置，对乘客的行李和轮椅进行检查，尽可能由同性别的工作人员完成，尽量减少琐碎不便的环节，并给予乘客足够的尊重。

（4）协助乘客进出付费区。引导乘客至售票处，带乘客完成购票，引导乘客从宽通道或专用通道进出付费区，并帮助其刷卡。

（5）协助上、下车。引导乘客至划定的站台无障碍候车区域，疏导其他乘客到相邻车门排队候车，使用渡板让乘客安全上下车。上车时，要将乘客护送至车厢内无障碍专用位置，确认轮椅已经制动或与列车上专用挂钩固定，并提醒乘客坐稳扶牢。

5. 服务盲人乘客

遇到盲人乘客，应先询问，再帮助。分以下两种情况：

（1）引导使用盲杖的盲人乘客，可牵引盲杖为其引路。

（2）引导不使用盲杖的盲人乘客，一种方法是让盲人乘客把一只手搭在工作人员的肩上，另一种方法是工作人员将手臂自然垂直放下或微曲，让盲人乘客牵住工作人员的手肘部分（在实际引导时一定要询问乘客希望怎么做），两人保持半步至一步距离，让盲人乘客随着工作人员一起缓慢前行，不要拉或推着盲人乘客走路。

遇有台阶等障碍要给予语言上的提示。引导盲人乘客进入电梯后，如果没有盲文按钮，应帮助按下按钮，待到达后用语言进行提示，并引导其走出电梯。引位时将盲人带到座位前，让其手接触到座椅，盲人便能自行坐下。

课堂阅读：长沙地铁 APP 上线"爱心预约"功能

2023 年 8 月 29 日，长沙地铁 APP"爱心预约"功能正式上线！近几年，长沙地铁持续为广大乘客提供"爱心预约"、全程陪同式"爱心接力"暖心服务，实现"进站—候车—乘车—出站"全程护送，为进一步帮助行动不便等特殊群体乘客实现无忧出行。

1."爱心预约"：提前预约，精准安排

长沙地铁 APP"爱心预约"功能，其服务群体主要为残障人士、老人、孕妇、病人、携带婴儿车等行动不便乘客。市民登录长沙地铁 APP，即可进入"爱心预约"界面。在"爱心预约"界面，填写出行人及具体行程信息，预约成功后，后台将精准安排相应车站工作人员提供爱心服务，将乘客安全护送至目的站点。"爱心预约"支持提前 7 天线上"下单"，每日线上下单有效时间段为 6:30—22:30，当日预约需至少提前 30 分钟。特别提醒，已下载长沙地铁 APP 的市民，需更新至最新版本。

2."全网接力"：全程陪伴，无缝衔接

"全程接力，让爱无碍"，为消除特殊乘客出行距离长、无人陪伴等担忧，长沙地铁全线网车站，实施爱心接力无缝衔接。根据"爱心预约"订单详情，相应站点工作人员全程陪同乘客完成进出站、上下车、线路换乘等流程。此外，长沙地铁 APP "爱心预约"界面还详细标注了各站点所有出入口以及垂梯信息，并细化了服务对象具体情况供乘客选择，方便地铁工作人员提前准备、精准服务。

二、乘客伤病应急服务

（一）乘客受伤事故处理服务

乘客受伤事故是指乘客在城市轨道交通管辖的运营区域发生的人身伤害及伤亡事件，简称客伤。

1. 乘客受伤事故处理原则

（1）优先抢救伤者原则。坚持以人为本，及时对受伤乘客进行施救或将其送往医院救治。

（2）及时报告原则。及时将（前期）处理结果报告相关部门，以备后续处理。

（3）尽力获取证据原则。尽力收集和保存事故的证据，以事实为依据，客观记录。尽可能得到当事人或证人的帮助。

2. 乘客受伤事故处理的一般程序

（1）应第一时间派人赶到现场，了解情况，掌握乘客发生客伤的原因，并及时做好记录。

（2）视伤者的情况，是否协助致电 120，同时需致电相关部门。

（3）寻找目击证人，并设法留下其联系资料，必要时对有关区域进行隔离。保留必要的现场照片。

（4）询问伤者家人联系电话，设法联系其家人尽快来车站。

（5）伤者家人接走或送至救护车。

（6）如乘客认为是车站原因导致其受伤，要求车站派人陪同其去医院时，请示获批后方可陪同。

知识链接：乘客受伤事故处理注意事项

（1）首先，乘客若因车站相关设备受伤，客运服务人员应立即关闭事故设备的电源并设好防护栏，同时禁止乘客在专业维修人员完成设备检修前使用该设备。

（2）其次，若受伤乘客为小孩、老人、孕妇等特殊人员，客运服务人员在向车站控制室报告时应重点说明相关情况。

（3）再次，对于伤势较重的乘客，在等候医护人员时，客运服务人员应做好现场急救与监护工作。

（4）最后，要求目击证人协助取证时，留下目击证人的联系方式并妥善保管。

（二）突发疾病急救服务

乘客突发疾病时，客运服务人员应立即采取正确的急救措施，并及时向车站控制室和值班站长报告事故情况。

若乘客病情严重，应及时拨打 120 急救电话。还应当及时疏散周围乘客，以免造成拥堵。

在城市轨道交通管辖的运营区域，常见的需要客运人员及时施救的突发疾病有中暑、晕厥、休克等。

1. 中暑急救服务

中暑的急救措施如下。

（1）脱离现场：应该让中暑患者立刻脱离高温、高湿的环境，转移到通风阴凉处，使乘客平躺并解开其领口。

（2）快速降温：可以在乘客额头上敷冷毛巾，用医用酒精、冰水或冷水擦拭乘客皮肤，然后用扇子扇风或用电风扇吹风，帮助乘客散热。

（3）若乘客仍有意识，可让乘客适当补充水分。可加入少量食盐。切忌给乘客补充大量水分。

（4）若乘客失去意识，掐乘客的人中穴，促使其苏醒。若乘客呼吸困难或停止，应立即进行人工呼吸。

（5）拨打急救电话：如果中暑的乘客症状比较严重，应该立即拨打急救电话，交给更专业的人处理。

2. 晕厥急救服务

当有乘客晕厥时，可根据具体情况进行一般性急救，随后可由专业医生针对晕厥原因进行后续急救。

晕厥时的现场急救原则是：尽快查明病因，消除诱因，尽早治疗防止意外伤害。主要采取的急救措施如下。

（1）立即使乘客平躺，保持头低脚高的体位，松开紧身的领口、腰带，双手从乘客的下肢向其心脏部位加压按摩，促进血液流向乘客的脑部，同时要查看病人的呼吸和脉搏。

（2）用力按压乘客的人中穴、少冲穴。

（3）如果乘客有恶心、呕吐情况，要将乘客的头偏向一侧，以防止呕吐物误吸入气管或肺，而导致吸入性肺炎或窒息。

（4）如果乘客清醒后怀疑因低血糖而晕厥，可立即给予糖水或含糖食物。

（5）如果乘客因剧烈咳嗽而晕厥，可给乘客服用复方甘草片、川贝枇杷糖浆等，帮助其止咳、苏醒。

（6）晕厥后不要急于让乘客站起，以防止再次发生晕厥，应该由他人扶着缓慢起来。

（7）如果情况不明，不要剧烈摇晃晕厥的乘客，以防止病情加重。

（8）如果乘客发生不明原因晕厥，无法迅速恢复意识，要立即拨打120急救电话，到医院急救。

课堂阅读：杭州地铁站务员救助低血糖乘客

2023年3月15日早晨，乘客小星因为前一天胃不舒服没怎么吃东西，当天也没吃早餐，在坐地铁上班时晕过去了。醒来时，乘客小星被一堆人围着，有人帮忙掐人中，有人塞去巧克力面包，还有乘客用车厢内设备与司机联系。

地铁到达伟业路站后，站务员黄嘉瑜把乘客小星扶出车厢，她脸色苍白，站务员在询问是不是没吃早餐之后，初步判断是低血糖，让乘客赶紧吃几口面包，然后到值班室泡了杯红糖水。在地铁站工作人员的帮助下，该乘客在休息十余分钟后，体力逐渐恢复，并对工作人员表示了感谢。

早高峰时段，乘客因低血糖晕倒的情况每周都会发生，站务人员都有处置经验，随身备糖；值班室有红糖，更衣柜里备着饼干、巧克力这些能快速升糖的食物——虽然公司没有明文要求，但这已经成了伟业路地铁站站务员不成文的规定。

3. 休克急救服务

乘客突然休克时急救措施如下：

（1）立即拨打120急救电话，并检查乘客情况，若有外伤出血应立即止血。

（2）仰卧平躺，把双脚垫高过胸，以促进静脉血回流，增加其脑部供血量。

（3）当乘客休克伴有昏迷时，可将乘客头偏向一侧，防止呕吐物和分泌物误吸入呼吸道，引起窒息。

（4）当乘客出现呼吸困难时，将头部和上身垫高，有利于呼吸，有条件时应给乘客吸氧。若乘客呼吸停止或心跳停止，则应立即对其实施心肺复苏术。

（5）乘客休克时循环差，导致体温偏低，应给休克乘客盖上毯子或被子保暖。

（6）不要随意搬动乘客，记录乘客的血压、体温，必要时注射肾上腺素等进行急救，并耐心等待救护车到来，配合医护人员进行急救。

任务训练单

任务一：厅巡服务

专业		班级	
姓名		小组成员	

一、任务要求

（1）学生分组，每组5～8人。

（2）根据下列案例事件，分小组讨论，先分析厅巡岗的工作职责，然后进行角色分配，运用厅巡服务的相关理论知识对案例事件进行模拟演练。

案例事件经过：北京市某地铁站刚开站，就有一位男性乘客携一件长度2米多的窗帘杆进入站厅（《北京市轨道交通乘客守则》规定："乘客携带的物品长度不得超过1.8米，宽和高均不得超过0.5米。"），地铁工作人员小李看到后，走上前礼貌地提醒："先生您好，为了您和他人的安全，按规定我们不能让您进站。"乘客不满道："地铁站人这么少，我又没影响到其他人，为什么不能进站？"该乘客认为小李是故意为难他，和小李发生了争执。

思考：如果你是小李，你会怎么劝阻这位乘客？

（3）每组选出一名成员代表对案例事件分析处理结果进行阐述。

（4）教师根据表4-5对任务实施结果进行考核评价。

二、任务考核评分

表4-5 任务考核评分表

考核评分内容	分值	教师评分	小组互评分
对厅巡岗的工作职责熟悉	15		
对厅巡服务内容和服务程序熟练	25		
对案例事件分析处理到位	30		
模拟演练程序完整、正确	30		
总分			

注：小组互评分是各小组评分总和的平均值，总分＝小组互评分×40%＋教师评分×60%。

任务二：站台服务

专业		班级	
姓名		小组成员	

一、任务要求

(1)学生分组，每组5～8人。

(2)根据下列案例事件，分小组讨论，先分析站台岗的工作职责，然后进行角色分配，运用站台服务的相关理论知识对案例事件处理流程进行模拟演练。

案例事件经过：某日，一位妈妈带着孩子在地铁站站台上候车，孩子刚喝完饮料，妈妈随手将饮料瓶扔到了地上，给孩子擦完嘴之后，又随即把纸巾扔到了地上，站务员上前制止，并要求其捡起东西放回垃圾桶里，这位乘客不乐意，和站务员争吵起来。

思考：若你是该名站务员，你该如何应对？

(3)每组选出一名成员代表对站台服务内容和问题处理进行阐述。

(4)教师根据表4-6对任务实施结果进行考核评价。

二、任务考核评分

表4-6　任务考核评分表

考核评分内容	分值	教师评分	小组互评分
对站台岗的工作职责熟悉	15		
对站台服务内容和常见问题处理熟练	40		
对案例事件分析处理到位	25		
模拟演练程序完整、正确	20		
总分			

注：小组互评分是各小组评分总和的平均值，总分＝小组互评分×40％＋教师评分×60％。

任务三：票务服务

专业		班级	
姓名		小组成员	

一、任务要求

(1)学生分组，每组3～5人。

(2)分小组讨论，一人扮演售票员，其余人扮演乘客，在票务服务的常见问题中任选2～3种，自拟情景模拟售票员与乘客之间的对话。

(3)每组派出一名成员代表对模拟演练过程中存在的问题进行分析并总结。

(4)教师根据表4-7对任务实施结果进行考核评价。

二、任务考核评分

表4-7　任务考核评分表

考核评分内容	分值	教师评分	小组互评分
对票务岗的工作职责熟悉	20		
对票务服务内容和常见问题处理熟练	30		
对模拟演练过程分析到位	20		
模拟演练对话正确、符合要求	30		
总分			

注：小组互评分是各小组评分总和的平均值，总分＝小组互评分×40％＋教师评分×60％。

任务四：乘客中暑急救服务

专业		班级	
姓名		小组成员	

一、任务要求

(1) 学生分组，每组 3~5 人。
(2) 各小组成员分角色扮演站务员、中暑乘客和围观群众，模拟乘客中暑急救的情景。
(3) 每组扮演围观群众的同学对模拟演练过程中存在的问题进行分析并总结。
(4) 教师根据表 4-8 对任务实施结果进行考核评价。

二、任务考核评分

表 4-8　任务考核评分表

考核评分内容	分值	教师评分	小组互评分
掌握中暑急救措施	30		
能处理好乘客突发疾病事故，维护车站秩序	40		
对模拟演练过程分析到位	15		
模拟演练程序完整、正确	15		
总分			

注：小组互评分是各小组评分总和的平均值，总分＝小组互评分×40%＋教师评分×60%。

课后练习题

一、选择题

1. （　　）是乘客乘坐城市轨道交通时最先接触到的客运服务。
   A. 安检服务　　　　B. 售票服务　　　　C. 导乘服务　　　　D. 厅巡服务

2. 末班车开出前（　　）分钟时，站台连续播放末班车出发预报广播；末班车开出前（　　）分钟，站厅连续播放两次停止购票进站广播；末班车开出后，站台站厅连续播放关站广播，提醒乘客尽快离开，以免被关在车站内。
   A. 5，10　　　　　B. 10，5　　　　　C. 10，3　　　　　D. 5，3

3. 厅巡岗工作人员上岗后，应立即对站厅、站台巡视一遍，之后每（　　）小时巡视一次，按巡视制度对车站各项设施设备进行巡视。
   A. 1　　　　　　　B. 2　　　　　　　C. 3　　　　　　　D. 6

4. 站台岗工作人员来回巡视站台，引导乘客站在（　　）安全线外排队候车，维持好候车秩序。
   A. 绿色　　　　　　B. 黄色　　　　　　C. 红色　　　　　　D. 蓝色

5. 站台岗工作人员接完最后一趟载客列车或列车故障时，根据上级命令做好（　　）作业。
   A. 关闭设备　　　　B. 列车清洁　　　　C. 关站　　　　　　D. 列车清客

6. 值班站长在列车晚点（　　）分钟以上时，应立即采取措施，通知各岗位列车晚点，做好对乘客的解释工作。
   A. 5　　　　　　　B. 10　　　　　　　C. 20　　　　　　　D. 30

7. 遇到盲人乘客，工作人员应（　　）。
   A. 先询问，再帮助　　　　　　　　　　B. 先观察，再询问

C. 先观察，再帮助　　　　　　　D. 先帮助，再询问

二、填空题

1. 车站客运服务人员可通过广播系统向乘客播报_____、_____、_____、_____等信息。

2. 人工导乘服务可分为_____服务和_____服务。

3. 安检人员手持探测仪对乘客进行贴身安检时，应遵循_____的原则，主要是为了避免不必要的尴尬和纠纷。

4. 售票员在售票过程中应严格执行_____的一次作业程序。

5. 客运服务人员在闸机处引导乘客进闸时，要严格执行_____的一次作业程序。

6. 站台岗在接送列车时应遵循_____的作业程序。

7. 当列车晚点、延误乘客时间时，站台岗工作人员应按列车故障、晚点规定，在车站计算机上设置_____模式。

三、判断题

1. 出现公共卫生事件或异常情况疑似公共卫生事件时，运营单位应在第一时间进行情况报告，视情况联系120救护机构或疾病预防控制中心开展人员救治和疾病防治工作，并组织该站人员进行疏散隔离。（　　）

2. 在车站出入口、站厅、站台等的醒目处设置位置标志，以公示本车站的首末班车时间、列车间隔时间、车站运营时间、周边公交线路等信息。（　　）

3. 厅巡发现精神异常或醉酒的乘客时，可允许其进站乘车，并及时汇报车控室，必要时请求警务人员或同事协助。（　　）

4. 在运营时间，乘客乘车区域内不能悬挂与运营活动无关的物品。（　　）

5. 探测检查门用于对乘客的身体检查，主要检查乘客是否携带禁带物品。（　　）

6. 如果乘客进闸后（付费区内）遗失车票或无票，售票员应建议乘客重新购买1张车票。（　　）

7. 遇公司接待或团体票从边门进站时，客运服务人员应在一旁提供引导服务。（　　）

8. 儿童只有在大人的陪同下才可以进入车站，工作人员提醒乘客遵循"儿童在前、大人在后"的刷卡进站原则。（　　）

四、简答题

1. 简述厅巡岗服务程序及内容。
2. 简述人工售票一次作业程序。
3. 简述进闸机一次作业程序。
4. 简述客运服务站台服务的注意事项。
5. 简述安检服务的注意事项。

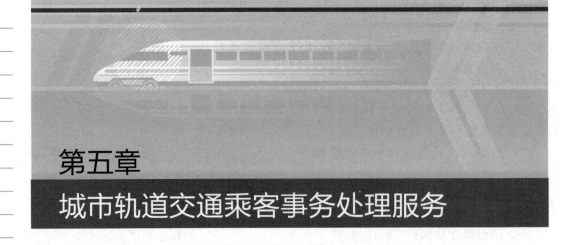

第五章
城市轨道交通乘客事务处理服务

📩 内容导读

随着我国经济的快速发展和我国人口的不断增长以及大城市人口的聚集,城市轨道交通逐渐变成人们短距离出行的首选交通方式。城市轨道交通运营行业是一个服务性行业,城市轨道交通运营企业在提供客运服务时,难免会存在一些疏漏或不尽如人意之处,而随着乘客对城市轨道交通的安全性、舒适性和准时性等方面的要求越来越高,不可避免会出现乘客投诉和建议等现象。若城市轨道交通运营企业能正确认识、妥善处理乘客投诉,则有利于提高乘客对客运服务的满意度,进而改善城市轨道交通运营企业的形象。因此,掌握乘客事务处理相关知识,有效处理好乘客投诉和纠纷,可以提高城市轨道交通运营企业服务质量,切实维护企业声誉。

本章主要介绍城市轨道交通乘客事务处理的相关知识,具体包括乘客事务处理概述、乘客投诉受理与处理、乘客纠纷处理服务、乘客失物处理与乘客走失寻回服务。

📖 知识目标

(1) 熟悉城市轨道交通乘客事务处理的定义及分类。
(2) 掌握城市轨道交通乘客事务处理原则。
(3) 正确认识乘客投诉,了解乘客投诉背后的期望。
(4) 掌握乘客投诉处理的基本程序。
(5) 掌握乘客纠纷处理的基本程序。
(6) 掌握城市轨道交通乘客遗失物品的处理程序。

📖 能力目标

(1) 能合理地处理乘客纠纷。
(2) 正确认识乘客投诉,在实际工作中处理好乘客投诉,让乘客感到满意。
(3) 具备树立城市轨道交通运营企业优质服务形象的能力。

📖 素质目标

(1) 树立无私奉献、乐于助人的雷锋精神。

（2）培养尊老爱幼、关爱残障人士等特殊群体的美德。

第一节 乘客事务处理概述

案例导入：乘客插队纠纷

小李是地铁车站的一名客服中心工作人员，某日晚高峰期间，在处理乘客异常票卡的时候，遇到一名乘客插队，于是小李礼貌地提醒："先生，您好，请按顺序排队处理，谢谢合作。"该乘客似乎很着急出站，没有理会小李，站在原地并不断试图将车票递给小李处理。小李见乘客没有搭理自己，也没有接收该乘客的车票，而是直接接收了后面乘客的车票。并说："大家都赶时间，既然你不按规定排队！那就最后再处理你的车票。"乘客被小李的一番话激怒了，差点动手打起来，最后车站值班站长赶到现场才平息了这场纠纷。

思考：案例中客运服务人员小李的行为有哪些不妥？乘客事务处理的原则是什么？

一、乘客事务的概念及分类

1. 乘客事务的概念

乘客事务：乘客对城市轨道交通的投诉、建议、咨询、表扬统称为乘客事务。

敏感事务：对城市轨道交通运营公司形象产生较为严重影响的事务，如网络舆论和媒体报道。

2. 乘客事务要素

乘客事务要素内容如下：

（1）涉及人员服务类的事务要素包含：时间、地点、人员姓名或工号、事件概况、乘客意见、改进建议。

（2）非人员服务类事务要素包含：时间、地点、事件概况、信息内容、改进建议。

3. 乘客事务的分类

（1）按事务性质可分为投诉、建议、咨询和表扬等。

（2）按事务主体可分为人员服务类、设施设备类和公司政策类等。城市轨道交通乘客事务多集中在车站服务、列车运行、乘车环境和票款差错等方面。

（3）按事务提交形式可分为来访、来电、来信、乘客车站留言、网站留言、电子邮件及媒体、其他部门转发等。

二、乘客事务处理原则

城市轨道交通客运服务人员在处理乘客事务的过程中应遵循的原则包括以下几个：

1. 首问责任制原则

首位接待乘客的员工负责全程跟进乘客需求，并对乘客最终满意度负责。

2. 投诉无申辩原则

在处理乘客投诉时，首先要为给乘客带来的不便向乘客表示歉意，处理过程中要关心乘客的需求，做到耐心、有礼、态度友善、语气温和，不能出现顶撞、推诿行为。

3. 现场处理原则

受理乘客事务的个人或部门要尽量在现场处理完毕，确保事务处理的有效性。

4. 满意原则

在处理乘客事务时，需迅速响应乘客的需求，尽量满足乘客的需要，做好服务补救措施，并及时将无法处理或乘客对回复不满意的投诉向上级反映，尽量使乘客满意。对于曾有投诉的乘客，服务热线定期电话回访并寄送地铁宣传资料，体现地铁对投诉乘客的关注和尊重。

5. 及时原则

乘客事务必须及时处理，不能让乘客长时间等待。如当事人第一时间不能处理，应立即汇报上级，相关人员接到信息后，必须立即到场为乘客处理相关事务。

6. 百分百回复原则

服务热线和车站所有受理的乘客事务，受理部门必须百分百回复乘客，并做好跟踪和台账记录。

课堂阅读：乘客第一，安全至上

在郑州某地铁站，在十一长假前夕乘车高峰时段，车站站务员发现一名乘客提着行李箱下步梯时有些困难，于是上前帮忙，因人太多，箱子的轮子挤破了乘客的脚，乘客顺嘴埋怨该站务员："怎么搞的，帮了倒忙啊！"该站务员连声道歉，将乘客带到休息区，紧急处理伤口。后来，乘客也意识到其行为不妥，积极向该站务员道歉并表达了感谢。在客流高峰时段，该站务员的工作量已经很大，受到乘客指责没有表达自己内心的委屈，仍然坚守岗位为这位乘客服务，遵守了岗位职责，恪守了乘客事务处理原则，更加彰显了其职业道德，是爱岗敬业的模范。

三、乘客事务处理责任部门

服务热线受理的乘客事务由企管部（公司乘客事务处理的牵头管理部门）牵头组织调查、分析，相关部门配合回复。车站受理的乘客事务由车务部门牵头组织调查、分析、回复。

（1）涉及站务、车站导向、宣传、车站卫生等方面的事务转发车务部负责处理；

（2）涉及车站保安、保洁员工问题的事务转发车务部负责处理；

（3）涉及安检工作人员问题的事务转发安全监察部负责处理；

（4）涉及车站售检票系统、车票信息、票务规章等方面的事务转发票务部负责处理；

（5）涉及行车安全、运营设备设施的变更或重大改造、某市城市轨道交通管理条例等方面的事务转发技术部负责处理；

（6）涉及乘务、列车上的设施设备、照明、空调、广播等方面的事务转发车辆部负责处理；

（7）涉及设备安全方面的事务转发设备所在部门负责处理；

（8）涉及车站通风系统、电梯、照明、土建等设备设施方面的事务转发综合机电部负责处理；

（9）涉及资源类业务或建设类业务等非运营事务转发集团相关部门或子公司处理；

（10）对服务热线无法处理或因乘客不满意处理结果的事务转发党群工作部协助解决。

四、乘客事务处理程序及要求

（一）服务热线投诉事务处理程序

客运服务人员处理服务热线投诉事务应遵循的程序与要求如下。

1. 受理程序

（1）热线人员接到投诉事务，在安抚乘客情绪后详细清楚地记下事件发生的时间、地点、人员姓名或工号、事件概况、乘客联系方式等资料，并将此投诉事件填写《××地铁（投诉、建议、咨询、表扬）工单》（表5-1）。接收投诉的热线人员负责跟进该事件的处理情况。

（2）如属敏感事务，受理后立即告知热线组长，组长应立即汇报部门负责人，部门负责人立即汇报上级领导并通知相关部门组织调查，安排专人回复。

（3）相关责任部门属于运营公司以内的，填写《运营公司服务热线事务处理单》（表5-2）并将其以邮件形式发企管部负责人审批，经企管部负责人审批同意，将其以书面形式发相关责任部门（可先用邮件发送）核实处理，相关责任部门在接到《运营公司服务热线事务处理单》的5个工作日内回复乘客并将处理结果反馈企管部服务热线。

（4）相关责任部门属于运营公司以外的，以工联单形式经运营公司分管领导审批，并填写《运营公司外部服务热线事务处理单》（表5-3）以书面形式发相关责任部门或子公司（可先用邮件发送）核实处理。

2. 处理要求

（1）一般情况下，运营公司以内在接到《运营公司服务热线事务处理单》的5个工作日内，按照事务处理单的要求对投诉事件进行详细调查分析及回复乘客，并将回复结果以书面形式反馈企管部服务热线。若有对调查结果不满意、存在疑问的事务，相关责任部门需重新调查。如因其他原因未能在规定时间内完成调查，责任部门应主动向企管部服务热线说明（邮件形式）。

（2）一般情况下，运营公司以外在接到《运营公司服务热线事务处理单》的7个工作日内，按照事务处理单的要求对投诉事件进行详细调查分析及回复乘客，并将回复结果以书面形式反馈运营公司企管部服务热线。若有对调查结果不满意、存在疑问的事务，相关责任部门需重新调查。如因其他原因未能在规定时间内完成调查，责任部门应主动向运营公司企管部服务热线说明（邮件形式）。

表 5-1　××地铁（投诉、建议、咨询、表扬）工单

表格编号：

工单编号			
类别		二级类别	
市民姓名		来电号码	
发生日期		发生时间	
邮箱			
事件概况			
拨入渠道	○网站○媒体○电话○来访○终端○乘客意见卡○邮件○新闻○其他○督导员		
涉及线路	□一号线□二号线□三号线□其他		
备注说明			
处理人		回复是否	
主办部门		协办部门	
紧急程度	○一般（7天）○紧急（5天）○特急（3天）		
派单日期		规定完成期限	
回复内容			
结案备注			

表 5-2　运营公司服务热线事务处理单

表格编号：

工单编号		完成日期		事件类别		编号	
乘客姓名		联系电话			邮箱地址		
经办人		联系电话			邮箱地址		
标题							
主送							
事件概况和乘客要求（可另附页）							
部门处理要求	部门领导：						
相关部门处理意见（可另附页）	1. 事件调查情况： 2. 处理结果： 经办人：　　　　　部门领导：						

表 5-3　运营公司外部服务热线事务处理单

表格编号：

提请日期		完成日期		事件类别		编号	
乘客姓名		联系电话			邮箱地址		
经办人		联系电话			邮箱地址		

续表

标题	
主送	
抄送	
事件概况和乘客要求（可另附页）	
部门处理要求	部门领导：
运营公司签发	运营公司领导：
相关部门处理意见（可另附页）	1. 事件调查情况： 2. 处理结果： 经办人：　　　　部门领导：　　　　运营公司领导：

（二）服务热线建议事务处理程序

客运服务人员处理服务热线建议事务应遵循的程序与要求如下：

（1）热线人员收到建议事务信息后，内容涉及运营公司内部，将此建议事务填写《××地铁（投诉、建议、咨询、表扬）工单》及《运营公司服务热线事务处理单》，经部门负责人同意转发到责任部门。相关责任部门在接到《运营公司服务热线事务处理单》3个工作日内回复乘客并将处理结果反馈服务热线。

（2）如乘客提出的建议内容比较复杂，涉及面广，可由企管部组织召开乘客信息评审会，对该建议进行研究分析，确定相应的方案和措施。

（3）收到建议事务信息后，内容涉及运营公司外部相关责任部门、子公司，将相关信息汇报企管部负责人，以工联单形式经运营公司分管领导审批，并填写《运营公司外部服务热线处理单》，均以书面形式发相关责任部门或子公司（可先用邮件发送）核实处理。

（4）一般情况下相关责任部门在接到建议事务的3个工作日内将调查结果和处理情况回复乘客，并将回复结果以书面形式反馈企管部服务热线。如因其他原因未能在规定时间回复乘客建议，责任部门应主动向企管部服务热线说明（邮件形式）。

（三）服务热线咨询事务处理程序

客运服务人员处理服务热线咨询事务应遵循的程序与要求如下：

（1）对于一般性事务，如涉及运营政策、作业流程或其他常规性事务，热线人员可立即根据公司相关规定予以答复。

（2）涉及专业性较强的咨询事务，热线人员填写《××地铁（投诉、建议、咨询、表扬）工单》及相对应的服务热线事务处理单，经部门负责人审批后转发到咨询所涉及部门。相关责任部门在接到相关服务热线事务处理单3个工作日内回复乘客并将结果反馈服务热线。如因其他原因未能在规定时间回复乘客咨询，责任部门应主动向企管部服务热线说明（邮件形式）。

（四）服务热线表扬事务处理程序

收到表扬信息后，热线人员填写《××地铁（投诉、建议、咨询、表扬）工单》及相对应的服务热线事务处理单并上报部门负责人，经部门负责人审批同意后转发到相关部门。相关部门在接到服务热线事务处理单并核实后，可对照《运营公司奖惩管理办法》给予相关员工相应奖励。

（五）服务热线其他事务处理程序

由集团办公室转办的信件、××市12345市民服务热线、市公共客运管理局、乘客意见卡等转办的乘客事务，由热线组长牵头进行调查，拟写复函，汇报部门负责人，经运营公司分管领导审批后进行回复。

第二节
乘客投诉受理与处理

案例导入：因工作人员的不作为引起的投诉

下班高峰期间，一位乘客在地铁站站台候车时不小心将手机掉落轨道，匆忙向站台工作人员反映情况后，工作人员表示由于是客流高峰期，加上手机离地铁的轨道太近，如果捡拾，可能会出现危险，于是让该乘客留下联系方式与相关信息，并表示会在3天内回复。3天过去了，乘客一直没有接到地铁站工作人员的电话，于是在第4天直接来到地铁站索要手机，工作人员却说近几天从轨道上捡拾上来的物品中并没有手机。乘客非常愤怒，并进行了投诉。

思考：（1）案例中乘客投诉心理是什么？
（2）地铁站工作人员应当怎样处理乘客的问题？

一、乘客投诉分析

（一）投诉原因分析

乘客投诉产生的原因是多方面的，其中最根本的原因是没有得到预期的服务，即乘客认为地铁、轻轨等城市轨道交通运营机构工作人员所提供客运服务的实际水平与乘客的期望水平存在较大差距。即使运营企业认为服务已经很完善，但只要与乘客的期望有差距，投诉就有可能产生。想要消除他们的不满情绪，就要找到引起他们不满的原因。

乘客投诉的原因分为乘客自身原因和客运服务原因两种。

1. 乘客自身原因

（1）乘客不了解或不知道相关规定。

(2) 乘客过分反应，以我为尊；强词夺理，无理取闹；心情不好，发泄不满等。

2. 客运服务原因

导致乘客投诉的客运服务原因主要包括以下几个方面：

(1) 设施设备出现故障，影响乘客出行。
(2) 客运服务人员作业不规范，业务能力差。
(3) 客运服务人员工作效率低。
(4) 客运服务人员服务态度不好。
(5) 客运服务人员不作为，漠视乘客的痛苦，服务意愿不足等。
(6) 客运服务人员疏忽大意导致乘客利益受损。

（二）正确认识投诉

一般来说，在投诉之前乘客就已经产生了潜在化的抱怨，即对列车运行或者服务存在一定的不满。潜在化的抱怨随着时间的推移就变成显在化的抱怨，而显在化的抱怨作为投诉的一种形式，很有可能转化为正式投诉。

乘客个性有急躁型、活泼型、稳重型、忧郁型等，投诉心理分为求尊重、求补偿、求平衡以及发泄情绪四种。为了给乘客提供更好的服务，客运服务人员在服务过程中，应根据乘客的不同个性特点结合乘客投诉心理进行服务。

1. 乘客投诉的心理分析

(1) 求尊重心理。尊重是人们的一种很重要的需要。在整个乘车过程中，由于乘客作为消费者始终处于"客人"的地位，求尊重的心理十分明显，也是一般人的正常心理。在乘车过程中某方面服务达不到乘客的要求或者一些现象让乘客很不舒服、使乘客自尊受到伤害（如被服务人员冷漠对待、被服务人员鄙视等）时，他们一般会通过投诉来寻求尊重。有些时候，乘客投诉并不是想得到具体的处理结果，而是在获得不好的乘车体验后，希望得到他人的同情、理解和支持，以满足被尊重、被重视的心理；并渴望进行投诉后，被投诉者向他们表示歉意并立即采取相应的举措，以使问题获得解决。

(2) 求补偿心理。在接受服务的过程中，如果由于服务人员的职务行为或者城市轨道交通服务企业未能履行相关承诺，使乘客遭受物质上的损失或身体/精神上的伤害，乘客会通过投诉的方式向有关部门索赔来获得一定的补偿，或采取法律上的诉讼活动要求赔偿，以弥补他们的损失，包括物质补偿和精神补偿。这也是一种正常的、普遍的心理现象。

(3) 求平衡心理。乘客接受客运服务的实际水平比其期望水平要低时，会产生不平衡心理，进而产生投诉行为。如运输服务不能满足乘客需要、车站/列车设施设备不完善、车站环境较差、客运服务人员对乘客的询问与求助态度冷淡、不够主动热情、不尊重乘客的习惯与需要、服务态度差等，都会导致乘客产生挫折感。产生这种挫折感时，乘客就难免通过抱怨或投诉来获取心理平衡。

(4) 发泄情绪心理。乘客在投诉时通常处于愤怒、激动的状态，难免会抱怨、发牢骚，甚至谩骂。乘客的这种表现，就是为了发泄内心的不满，情绪也能得到释放和缓解。

2. 应对乘客投诉的态度

作为城市轨道交通的客运服务部门，在服务过程中有乘客投诉是很正常的，不能一味地恐惧投诉、厌恶投诉，客运服务人员需要对投诉有一个清醒的认识，以积极的态度看待投诉，这样才能更好地处理投诉，更有效地改进服务工作并提高服务质量。

作为直接面对乘客的服务人员，应当以积极和欣赏的态度重视投诉、欢迎投诉。

（1）重视投诉。乘客的投诉大多是刺耳尖锐的、直接的、不留余地的。许多服务人员把投诉当成一个"烫手山芋"，希望最好不要发生，可是对于一家企业来说没有投诉的声音未必是好事。因为通过投诉往往可以暴露服务的薄弱环节。有关研究表明：良好的赔偿和投诉处理能给企业带来更有前景的收益，企业从接收到的客户抱怨和投诉所提供出来的信息，能发现服务的漏洞，从而促进企业不断改正不足，提高服务质量，吸引更多的乘客。因此，城市轨道交通客运服务人员要重视投诉。

（2）欢迎投诉。乘客的投诉实际上是给企业机会来回顾和检查在乘客服务中欠缺与不妥的方面，使服务人员或者企业能够更清楚地认识到自己的不足。在处理投诉的过程中，服务人员可以向乘客解释企业的相关规定和标准，从而使乘客和企业之间能够更好地理解和沟通。因此，作为客运服务人员，既不需要对投诉感到尴尬，也不需要有畏惧和抵触的心理。

二、乘客投诉分类

乘客投诉按照不同的划分方式有不同的种类，划分方式主要有四种：投诉的表达方式、责任归属、投诉内容、投诉的影响范围。

（一）按投诉的表达方式划分

乘客在乘车过程中感到不满意后的反应一般有两种：一种是说出来，另一种就是不说出来。调查表明：在所有不满意的乘客中，有69%的乘客从不提出投诉，有26%的乘客向身边的服务人员口头抱怨过，而只有5%的乘客会向投诉管理部门正式投诉。其中，正式投诉根据乘客投诉表达方式的不同可以分为现场直接投诉和间接投诉两种。

1. 现场直接投诉

现场直接投诉就是乘客当场直接向城市轨道交通工作人员提出意见，指出存在的问题，同时要求工作人员就地即时解决，这是常见的投诉方式。

2. 间接投诉

间接投诉就是乘客通过电话、信函、电子邮件、聊天软件等间接方式向交通运输管理相关部门甚至上级主管部门投诉，也是常见的投诉方式之一。

（二）按责任归属划分

按照责任归属来划分，乘客投诉分为有责投诉和无责投诉两类。

1. 有责投诉

在城市轨道交通运营服务中，由于员工服务、设施设备、环境卫生、治安、城市轨道交通政策等方面的不足或其他原因引起乘客投诉，经调查属实，造成一定程度负面影响或乘客利益受损，相关部门或人员负有责任的，称为有责投诉。有责投诉按事件的性质及产生后果的轻重，又可以分为一类有责投诉、二类有责投诉和三类有责投诉。

（1）一类有责投诉

由于下述情况引起的乘客投诉列为一类有责投诉：

① 售票或兑零时未执行唱收唱找；

② 未按规定播放广播或播放不及时；

③ 在需要放置警示牌的处所未放置警示牌；

④ 客车车门因故暂停使用未张贴"此门故障暂停使用"标签；

⑤ 服务公告栏的内容与实际运营不符；

⑥ 处理乘客事务时态度冷漠或有推诿等情况发生；

⑦ 运营时间关闭出入口时未张贴"安民告示"；

⑧ 在岗时有背靠椅背斜躺、抖腿、用手托腮或趴在桌面上的行为举止；

⑨ 员工穿着制服时（不管当班与否）在车站或列车上有违反《客运服务通用作业标准》的行为。

（2）二类有责投诉

由于下述情况引起的乘客投诉列为二类有责投诉：

① 对乘客投诉的调查弄虚作假；

② 与乘客发生纠纷，在服务工作中对乘客讲斗气、噎人、训斥、顶撞的话；

③ 列车清客时未做好广播及解释工作，用东西敲打车厢、扒拉乘客；

④ 末班车未提前做好广播；

⑤ 对乘客违反规定的行为不给予制止；

⑥ 在岗位上办私事；

⑦ 由于业务不熟或没有了解清楚事件经过对乘客做出错误指引；

⑧ 在岗位上聊天、说笑、追逐打闹；

⑨ 由于票款差错造成的服务投诉；

⑩ 由于环境卫生、治安事件引起的投诉。

知识链接：乘客行为规范

1. 影响运营安全的行为

禁止乘客有下列影响城市轨道交通运营安全的行为：

① 拦截列车，在列车车门或站台门提示警铃鸣响时强行上下列车，车门或站台门关闭后扒门；

② 擅自操作有警示标志的按钮和开关装置，在非紧急状态下动用紧急或者安全装置；

③ 携带有毒、有害、易燃、易爆、放射性、腐蚀性以及其他可能危及人身和财产安全的危险物品进站、乘车；

④ 攀爬或者跨越围栏、护栏、护网、站台门等，擅自进入驾驶室、轨道、隧道或者其他有警示标志的区域；

⑤ 向轨道交通线路、列车以及其他设施投掷物品；

⑥ 损坏车辆、站台门、自动售检票等设备，干扰通信信号、视频监控设备等

系统；

⑦ 损坏、移动、遮盖安全标志、监测设施以及安全防护设备；

⑧ 在车站、列车内吸烟，点燃明火；

⑨ 在运行的自动扶梯上逆行、推挤、嬉戏打闹；

⑩ 影响运营安全的其他行为。

2. 影响运营秩序的行为

乘客不得有下列影响城市轨道交通运营秩序的行为：

① 在车站或者列车内涂写、刻画或者私自张贴、悬挂物品；

② 携带动物（导盲犬、军警犬除外）进站乘车，携带有严重异味、刺激性气味的物品进站乘车；

③ 推销产品或从事营销活动，乞讨、卖艺及歌舞表演，大声喧哗、吵闹，使用电子设备时外放声音；

④ 骑行平衡车、电动车（不包括残疾人助力车）、自行车，使用滑板、溜冰鞋；

⑤ 在列车内进食（婴儿、病人除外）；

⑥ 随地吐痰、便溺、乱吐口香糖，乱扔果皮、纸屑等废弃物，躺卧或踩踏座席；

⑦ 在车站和列车内滋扰乘客的其他行为。

(3) 三类有责投诉

由于下述情况引起的乘客投诉列为三类有责投诉：

① 对乘客有推、拉、打、踢等粗暴行为；

② 讥笑、谩骂乘客，讲有侮乘客自尊心和人格的话；

③ 提前关站或未按规定时间开站；

④ 利用乘客资料采取不同形式骚扰、恐吓乘客或其家人；

⑤ 由于员工在工作中有舞弊行为使乘客利益受损造成乘客投诉；

⑥ 由于城市轨道交通服务设备、设施故障造成乘客利益受损或给乘客带来不便引起的投诉。

2. 无责投诉

无责投诉一般包括两种情况：一种是由于自然灾害等不可抗力因素导致服务失误而引起的投诉；另一种是由于乘客自身原因引起的投诉。对于前者，城市轨道交通运营企业应该加大应急事件的处理能力；对于后者，城市轨道交通运营企业应该加强对乘客的宣传教育。

(三) 按投诉内容划分

按投诉的内容不同，乘客投诉主要可以分为以下几类：

1. 车站服务投诉

因客运服务工作人员违反岗位作业标准、作业流程，使用服务忌语、服务态度冷漠、未按操作流程处理票卡等引起的投诉。

2. 乘车环境投诉

乘车环境方面的投诉包括：① 车站管辖范围、车厢的卫生状况差引起的乘客投诉；② 车站、车辆设施设备（如导向标志、自动扶梯、列车广播等）缺陷或故障，带给乘客不便而造成的投诉；③ 车站内发传单、乞讨、设摊等综合环境问题引起的投诉。

3. 列车运行投诉

列车运行过程中因列车运营时间调整、列车延误、列车运行不平稳、列车停站时间过短、夹人夹物、列车司机未合理使用广播等情况引起的投诉。

4. 票款差错投诉

因车站售票人员违反操作规定或服务技能不合格，导致票款差错引起乘客不满造成的投诉。

除以上因素外，乘客投诉还包括站内广告、商业网点产品质量、乘客伤亡等方面的投诉。

（四）按投诉的影响范围划分

按投诉的影响范围不同，乘客投诉可分为一般投诉和重大投诉。

1. 一般投诉

一般投诉是指乘客对运营服务质量、服务设施、服务环境进行的投诉，经调查确为运营方责任引发的有责投诉。

2. 重大投诉

重大投诉是指乘客对运营服务质量、服务设施、服务环境进行的投诉，经调查确为运营方引发的投诉，造成严重的负面影响；或经媒体曝光、造成较大社会负面影响的有责投诉。

三、乘客投诉处理

（一）乘客投诉处理原则

1. 安全第一、乘客至上的原则

在面对乘客投诉时，客运服务人员首先要站在乘客的立场上考虑问题："一定是我们的工作没有做好，给乘客带来了不便。"同时还要相信，乘客投诉是有一定原因的。这种观念非常重要，有了这种观念，客运服务人员才能用平和的心态去处理乘客的投诉行为，才能对有责乘客投诉行为予以肯定和感谢。

2. 不推脱责任的原则

客运服务人员在处理乘客投诉时，不能想着如何推脱责任，否则会让乘客认为客运服务工作人员不尊重他，不重视他的投诉，进而激化矛盾。

面对乘客的投诉不满情绪，客运服务人员首先要反思自己的不足，向乘客道歉，表明对乘客投诉的重视，让乘客从心理上得到安慰。只有表明了这种服务态度，了解乘客的真实需求，才能更好地处理乘客的投诉。

3. 先处理情感，后处理事件的原则

一般情况下，乘客在投诉时心情会比较糟糕，这时就要先关注这位乘客的心情，安抚乘客，在乘客平息怒气、稳定情绪后再想办法帮助乘客解决问题。

4. 包容乘客的原则

客运服务人员在处理乘客投诉时，应对乘客的一些错误行为给予理解和宽容。包容乘客的核心是善意的理解。当发现乘客的某些行为违反规定时，客运服务人员应及时给予乘客适当的提醒，切不可指责、讽刺乘客。客运服务人员要懂得体谅乘客，避免让乘客处于难堪的状态。虽然乘客的投诉并不都是对的，但那种得理不饶人的解决方法，必将造成双方的关系紧张而不利于问题的解决。

（二）乘客投诉事务调查

1. 调查原则

乘客投诉事务调查遵循"四不放过"的原则：

（1）投诉原因分析不清不放过；
（2）责任人和其他员工没有受到教育不放过；
（3）没有制定防范整改措施不放过；
（4）责任者没有受到严肃处理不放过。

2. 调查定责

一般投诉的调查由责任部门及运营部核实后进行定性（指有责、无责）、定责（指主要责任、次要责任）。

重大投诉由运营部组织会同责任部门联合调查、分析、定性、定责，报公司分管领导审批同意后，由评定办公室向责任部门下发《乘客投诉定责通知书》（表5-4）。

表5-4　乘客投诉定责通知书

表格编号：

日期：	年　　月　　日	
主送		
抄送		
投诉概况（可另页附纸）：		
经办人：		部门领导：
责任部门反馈意见（可另页附纸）：		
经办人：		部门领导：
运营部处理结果：		
经办人：		部门领导：
公司分管领导：		

（三）处理乘客投诉的程序

1. 投诉受理

（1）投诉受理部门无论收到书面投诉，还是口头电话投诉，受理人员都应受理，不得推诿。如投诉内容不涉及本部门，可先予受理，将投诉内容填写投诉调查表，连同案卷转交相关部门或报予运营部。

（2）运营部收到投诉后，对投诉内容进行责任分析，转交责任部门处理。

2. 投诉审核

由各受理单位负责对投诉内容进行判断，对有效投诉进行调查核实，认真处理；

属于无效投诉的，受理人员应向投诉人做出解释。

3. 调查核实

（1）各投诉受理部门在受理投诉后或收到运营部转来的乘客投诉调查表时，要有专人负责调查落实投诉内容，实施、核实、分析、明确责任人，并将处理结果在3个工作日内反馈运营部。

（2）各调查责任部门的领导要对投诉调查的情况进行审查，签署意见。

4. 处理

（1）一般投诉：由相关部门研究决定处理意见，报本部门领导，详细填写投诉受理单，并立案、编号、登记在册。

（2）重大投诉或多部门投诉：对于重大、多部门投诉或涉及大金额赔付或事关重大的投诉，运营部收到相关部门的乘客投诉调查表后，展开调查，核实情况，并提出处理意见，报部门领导和分公司领导。

（3）各投诉受理部门在收到乘客投诉后，如不能立即处理，自接到投诉之日起2个工作日内首先与投诉人取得联系，7个工作日内调查核实清楚，15个工作日内把调查结果以电话或书面形式答复投诉人。

（4）如属重大或多部门的投诉，15个工作日内不能处理完毕，须尽快与投诉人取得联系，协商具体解决期限。

（5）对于上级投诉监督部门、地方党政机关信访部门、社会媒介机构批转过来的投诉信件，要将投诉结果和处理情况实事求是地报原批转部门。对影响较大或者疑难的投诉应及时报本部门负责人和公司领导。

（6）处理方式有两种。①道歉：一般投诉应向乘客道歉。②经济补偿：根据有关规定，承运人确实给乘客造成不同程度的经济损失、心理伤害，危及乘客的人身安全，在社会上造成不良影响的，应给予乘客一定的经济补偿。

5. 统计分析

（1）相关部门每季度根据投诉处理情况，填写部门季度投诉分析报告，总结分析，并于每季度第一个月6日前报运营部。

（2）运营部根据部门季度投诉分析报告编写公司季度投诉分析报告，报部门领导，内容包括：①各部门投诉情况；②投诉分类；③变化趋势；④原因分析；⑤存在问题；⑥改进措施。

6. 改进及记录归档

（1）按照纠正/预防措施控制程序执行。

（2）对于一般投诉，应各相关部门记录归档；如属于重大投诉或多部门投诉，由运营部记录归档。

四、乘客投诉处理技巧

1. 用心倾听

当乘客在不断抱怨时，客运服务人员要耐心地倾听，从倾听中掌握事情发生的细节，找出乘客投诉的真正原因及其所期望的结果，不要轻易打断乘客的讲话，也不要评判乘客的错误，而要鼓励乘客倾诉下去，尽情宣泄心中的不满。此外，倾听也需要技巧，客运服务人员在倾听乘客叙述时，要注意以下几点：

(1) 目光要注视乘客，并且表现出温和的神色，不要听着乘客说话而目光看着别处或者边听乘客说话边做其他事情。

(2) 在乘客倾诉的过程中，客运服务人员要随声附和，如适时插入"我理解""我明白"这样的话语，一方面表示自己在认真倾听，另一方面表示对乘客的重视与理解。

(3) 在乘客倾诉的过程中，客运服务人员的肢体动作要随时附和，如当乘客抱怨服务得不好时，客运服务人员点头示意，并随声附和："嗯嗯，确实是我们的失误，给您造成了不便，实在是抱歉。"

(4) 在乘客抱怨时，客运服务人员要随时记录，一方面可以作为处理问题留存的资料证据；另一方面表示对乘客的尊重，使乘客感受到被重视。

2. 真心诚意道歉

在处理乘客投诉时，即使不是工作人员的原因导致的投诉，也应以真挚诚恳的态度向乘客道歉，让乘客感受到他的投诉受到重视，满足其自尊心，也便于工作人员更好地与乘客交流沟通。尤其过失在自己时，客运服务人员更要立即道歉，以取得乘客的谅解。

3. 解决乘客问题

在听完乘客投诉，了解清楚乘客投诉的原因之后，服务人员要给乘客解决问题。在征得乘客同意后，做出迅速而恰当的处理，不应敷衍、互相推卸责任。采取措施后，询问乘客是否需要其他帮助。

如果提出的解决方案不能即刻解决问题，服务人员要坦诚地告诉乘客不能即刻解决的原因，并随时向乘客汇报处理的情况和进度，让乘客了解到他们的问题正在解决中。

4. 感谢乘客

解决完乘客的问题，服务人员要向乘客表示感谢，感谢乘客选择我们的服务并发现服务中的不足；感谢乘客提出意见，促使公司不断改进服务、提高管理水平和服务质量。常用的感谢语言有："谢谢您的配合。""非常感谢您的建议。"

课堂阅读："服务之星"的几个"一"

在郑州某地铁站举行的客服人员经验交流会上，获得"服务之星"称号的工作人员小丽跟同事们这样说：选择了地铁服务这一职业，就要既来之则安之。干一行，爱一行。在工作岗位上认真对待每一件事，每一个人，提升自己的职业价值，增强自己以及乘客的生活幸福感。在处理地铁乘客抱怨和投诉时，做到以下这几点：

(1) 耐心多一点，耐心倾听地铁乘客的诉说，不打断乘客，不要主观臆断乘客的要求，不批评乘客。

(2) 态度暖一点，对乘客礼貌友好，平复乘客情绪，促使乘客理智地协商解决问题。

(3) 动作快一点，及时快速地处理乘客事务，让乘客感觉到受尊重，提高乘客的生活幸福感。

(4) 办法多一点，在处理乘客投诉时，除了道歉或者补偿之外，可以邀请乘客回访、参观、参加地铁针对乘客的各种活动等。

第三节
乘客纠纷处理服务

案例导入：乘客纠纷导致拘留

2023年4月28日8时30分许，在深圳地铁10号线一车厢内，两名乘客因琐事引发口角，继而发生肢体冲突，引发纠纷。民警接报后及时到场处置，将双方带至派出所展开调查。

经过调查得知，该起纠纷的原因是乘客尹某（男，29岁）手机外放音量较大，旁边乘客张某某（女，27岁）对其进行提醒，双方发生口角，后尹某用手击打张某某头部，被其他乘客及时制止。

随后，尹某因殴打他人已被公安机关依法行政拘留。

思考：处理乘客纠纷的流程是怎样的？

一、纠纷类型

按照不同的划分标准，纠纷有不同的类型。

（一）按照纠纷影响程度划分

按照纠纷的影响程度划分，可以分为轻微纠纷、一般纠纷和严重纠纷三种。

（1）轻微纠纷。发生纠纷双方只限于口头冲突，并未影响车站正常运营秩序或其他乘客乘车。

（2）一般纠纷。发生纠纷双方由口头冲突上升为肢体冲突，并已影响车站部分区域内正常运营或其他乘客乘车。

（3）严重纠纷。发生纠纷双方出现身体伤害及死亡，造成车站混乱及行车混乱，影响车站正常运营，影响乘客乘车。

（二）按照纠纷主体划分

按照纠纷发生的主体不同，乘客纠纷可分为乘客与乘客之间的纠纷、乘客与车站客运服务人员之间的纠纷两种。

1. 乘客与乘客之间的纠纷

发生纠纷的双方均是乘客。引起乘客间纠纷的常见情况有以下两种。

（1）双方在乘车过程中的肢体接触，造成某一方的不愉快，进而引起争执。这种情况常见于大客流或高峰时段。

（2）乘客中的某一方对另一方的行为提出批评指责，由口角演变成肢体冲突，从而形成纠纷。

2. 乘客与车站客运服务人员之间的纠纷

发生纠纷的双方一方是乘客，另一方是车站客运服务人员。这类纠纷又可以分为管理型纠纷和投诉型纠纷。

(1) 管理型纠纷。多因车站客运服务人员要求乘客遵守或服从车站客流组织制度时与乘客发生争执引起。

(2) 投诉型纠纷。大多因乘客对车站提供的服务不满意,而车站客运服务人员的解释又不能使乘客满意而发生。

二、乘客纠纷处理

(一) 纠纷事件现场处理原则

(1) 客运服务人员不得与乘客发生纠纷,若发生纠纷则按相关应急预案搜集证据、及时上报,避免事态的扩大、严重,避免给公司造成不良影响。

(2) 乘客之间发生纠纷后,则以维持正常的客运服务秩序为原则,按相关应急预案搜集证据、酌情报警,积极配合民警进行处理。

(二) 纠纷处理程序

1. 乘客与车站客运服务人员之间的纠纷处理

若车站客运服务人员与乘客发生纠纷,则按以下程序进行处理:

(1) 车站客运服务人员在处理乘客事务受到乘客侮辱、恐吓或攻击时,首先做好自我保护、躲避,及时向车控室汇报,车控室立即通知值班站长及车站员工赶赴现场处理,报城市轨道交通公安。

(2) 现场工作人员需保持冷静、克制。坚持"骂不还口、打不还手"的原则。

(3) 乘客攻击客运服务工作人员,造成工作人员人身伤害时,车站需立即安排员工送伤者到医院验伤、治疗,并马上将情况上报站长和相关部门。

(4) 发生冲突时,现场工作人员注意互相协助、保护、克制,冷静地处理,注意保留证据(如将肇事者引向监控区域),及时挽留目击证人。

2. 乘客与乘客之间的纠纷处理

乘客与乘客之间的纠纷处理程序如下:

(1) 车站客运服务人员接到发生纠纷报告或巡视发现乘客纠纷、斗殴事件后,应注意自我保护,第一时间上前劝解、分开乘客,劝阻纠纷或斗殴,并立即报车控室安排支援。

(2) 疏散周边的乘客,防止其他乘客受到伤害,维持站台或站厅秩序。

(3) 值班站长接到通知后迅速到达事发现场,劝阻乘客,尽量避免冲突恶化;接洽目击证人,报告地铁公安,协助公安调查取证,疏散周边的乘客,防止其他乘客受到伤害。对受伤需送医院的乘客帮助叫"120"到场。

(4) 发生纠纷导致重大伤亡时,值班站长(或站长)担任临时应急处理负责人,在向有关部门、单位报告的同时,应立即安排地铁员工赶赴现场,疏散围观群众,保护事故现场,并寻找目击证人,劝留证人或留下证人联系方式;值班站长(或站长)组织对事故现场做好标志和记录。对伤者进行必要的现场急救,配合120急救人员;必要时,安排车站员工,陪同伤者前往医院。

(5) 初步判断属于地铁责任时,住院需交纳的押金由车站在"客伤备用金"中垫付。

（6）当乘客发生冲突时，在公安人员到达现场后，积极配合公安人员处理。

课堂阅读：公共出行，文明礼让！

晚高峰期间，北京地铁人流量巨大，劳累了一天的小张下班乘坐北京地铁二号线回家，列车行驶到东直门站时，小张从车厢位置换到车门位置准备下车，而此时，乘客小王也站在车门处准备下车，小张低声询问小王是否下车，然而头戴耳机听音乐的小王并未听到小张的询问，在没有得到回应后，小张上前将小王挤在身后。随后小王抱怨了一声，小张也一点不让予以回击，双方就开始相互辱骂，周围乘客的目光也都聚集到小张和小王二人身上，不少乘客纷纷举起手机拍摄。

二人的争吵愈演愈烈，最终小王没能控制住自己的情绪，一拳重重地打在了小张的脸上，小张当场血流满面。此时，车厢内场面一度陷入混乱，面对地铁客运服务人员和群众的不断劝阻，二人互不退让站在列车门口处僵持。在列车到站后，乘客小王和小张随即被车门外等候的民警带至车站派出所。后经司法鉴定机构鉴定，小张鼻骨骨折，构成轻伤二级。检察机关经审查后认定，乘客小王殴打他人致人轻伤构成故意伤害罪，应当受到刑事追究。

地铁是公共场所，需要文明礼让的环境。遵守公共秩序，维护公共安全，是公众出行的基本准则。在乘坐地铁时面对矛盾和纠纷，如果选择诉诸暴力，不但会造成身体上的损伤，更会因此触犯法律。

三、对易激动乘客的处理

车站的乘客群来自社会，性格各异，在车站发生纠纷时的表现也各不相同，难免会出现脾气比较暴躁、态度容易激动的乘客。这类乘客往往嗓门高、音量大，容易引起周围乘客的注意；讲话时肢体动作幅度较大，极具表演性；语言用词极具煽动性，胡搅蛮缠以博取周边乘客的同情。对于这类乘客可以采取以下处理方法：

1. 法律震慑

车站空间有限，大量乘客围观很容易造成车站正常运营管理秩序的失控，诱发安全事故，对这样的乘客行为，车站应当采取必要的法律震慑措施加以制止。

车站管理人员应该用明确的语言告诫情绪激动的乘客，必须收敛自己的行为，缩小对周边环境的影响，否则由此引起乘客围观酿成安全事故将负法律责任。也可明言警告，如若不听劝告便报警。车站采取法律震慑的最后手段是请求出警，出警的理由是维持车站正常的运营管理秩序。

2. 单独处理

车站管理人员可设法把情绪激动的乘客带离现场或请进办公室，在不影响客流正常流动的场所进行单独处理。这类乘客失去了围观群众，才会冷静下来反思自己的行为；如果就地处理，有许多乘客围观，使其难以放下面子，反而会更加强词夺理，出现难以处理的局面。

四、处理纠纷的最终机构

城市轨道交通车站发生的纠纷一般属于民事纠纷范畴。民事纠纷又称民事争议，是指平等主体之间发生的，以民事权利义务为内容的社会纠纷。处理民事纠纷就是处理平等主体间财产关系和人身关系的法律规范的总和。

处理民事纠纷的最终机构是人民法院，处理城市轨道交通车站客运纠纷的最终机构也是人民法院。人民法院的判决具有执行的强制性和严格的规范性。

纠纷各方均有向法院起诉的权利，车站客运服务人员在车站客运纠纷发生之初就应该重视对纠纷的证据收集。

第四节
乘客失物处理与乘客走失寻回服务

案例导入：儿童走失寻回

某日，H 地铁站客运服务人员小朱在站台层巡视时，发现一名 3 岁左右的儿童一边哭一边找妈妈。小朱立即上前与儿童交流，安抚好情绪后，询问其爸爸妈妈的联系方式，却发现儿童无法清楚地说出家人的姓名与联系方式。

于是，小朱将该儿童带到了车站控制室，并通过广播系统在车站内播报寻人信息，但一直没有人来认领该儿童。然后，小朱查看了当时站厅站台的监控录像，发现该儿童与妈妈一起上车时，因为人流拥挤该儿童跟错了人，最终没有上车，而当时双手推着箱子的妈妈并没有注意到孩子未上车。

小朱立即联系城市轨道交通运营控制中心，得知该儿童的妈妈正从 K 站返回 H 站。经过多番努力后，小朱与这位妈妈取得联系，告知其有关儿童的具体情况。过了 12 分钟，一名 30 岁左右的女子满头大汗地走进车站控制室，见到自己的孩子后才松了一口气。这位妈妈告诉小朱，当时人群拥挤，自己又双手推着箱子并未注意到孩子的情况，与孩子走散后十分着急，幸好孩子被车站工作人员找到了，否则一辈子都无法原谅自己。在确认女子的身份后，小朱让女子带走了该儿童，并叮嘱出门在外一定要照看好孩子。

思考：客运服务人员发现有儿童走失时，应采取怎样的措施？

一、乘客失物处理

（一）乘客失物分类

根据不同的划分标准，失物有不同的种类。按照其贵重程度来划分，乘客失物可以分为一般失物和特殊失物。

一般失物包括日用品、普通衣物、一般文件资料、文具用品等；特殊失物包括现金、手机、平板、电脑、重要文件资料、贵重首饰、名贵包、危险品等。

（二）乘客失物处理原则

城市轨道交通乘客失物处理原则如下。

1. 专人专管原则

城市轨道交通车站应安排专人（一般是客运值班员）负责本站的失物登记、保管、认领和移交工作。

2. 双人同时执行原则

城市轨道交通车站遗失物品的清点、检查、登记、认领应有双人（客运值班员职务及以上人员）同时执行。

3. 妥善保管原则

遗失物品在没有交还给失主之前，车站应妥善保管，禁止任何单位或个人侵占或挪用失物。

4. 认真核查原则

在失主认领失物时，要求失主先描述失物的特征并出示有效证件，车站值班站长或客运值班员核对无误并办理有关手续后，才可将失物交还给失主。

5. 特殊物品移交公安原则

若发现失物为危险品、违禁物品、大额现金、机要文件或者其他贵重物品，客运服务人员应立即报告并转交给车站公安，并保存移交记录备查。

6. 当日处理原则

城市轨道交通车站只办理当天失物的认领工作，隔日的失物认领应到失物处理中心办理。遗失物品在失物处理中心保管超过规定期限（一般为3个月）的，按无人认领失物处理。

课堂阅读：拾金不昧——"暖"了人心，"美"了城市

拾金不昧是中华民族的传统美德，也是良好道德风尚和社会责任的具体体现。一个遗失的背包，将地铁工作人员与市民乘客紧紧联系在一起，传递着城市文明的"小温暖"。

2023年7月16日14：30左右，小彭乘坐2号线开往南路站方向的列车，当他从南昌西站上车后不久，便发现座位旁边有一个黑色背包，观察发现周边没有其他人。小彭马上意识到可能是乘客不小心落下的，于是他一直守在背包旁边，等待失主，并联系车站工作人员，但直到列车到达南路站都没有人上车询问。

于是，小彭便把书包提下列车，发现书包略有重量，心中猜想里面肯定有大件物品。想着此时乘客找寻失物焦急的心情，他找寻到地铁公安，在执法记录仪的记录下打开背包，查看有没有能够联系上失主的身份证件。打开之后发现背包里有笔记本电脑、3部手机、数十张银行卡和一张外国驾驶证等重要物品。由于没有国内身份证，无法联系上乘客。

此时2号线南路站当班值站工作人员对讲机响起，"有一位乘客在八一广场站求助丢失东西，里面有电脑、手机、驾驶证等物品"，刚好与小彭拾到的背包物品对上，于是让乘客过来确认遗失物品。经过近一个小时的等待，失主夫妻终于赶到南路站。一进门失主就询问谁捡到的物品，当知道是小彭时，激动地与他握手，并连连致谢。在确认身份后，在公安、车站工作人员的见证下，交还了遗失物品。乘客二人连连说要送锦旗到公司以示感谢。小彭连忙拒绝，表示这只是一件小事，任何人遇到都会这么做。

知识链接：乘客遗失物品怎么办？

如果在地铁遗失物品，不要紧张。可以通过以下四种处理方式找回物品。

方法一：发现物品丢失后，就近联系车站工作人员告知丢失物品的相关信息，工作人员会第一时间在站内帮助寻找或线网联动寻找。

方式二：如果丢失物品短时间内没有找到，或者经过一段时间后才想起丢失物品，可以拨打当地地铁服务热线帮助查找。

方式三：登录该城市地铁官方网站，点击首页"失物招领"专栏查找。

方式四：关注地铁公众号，点击"微服务"进入"失物招领"页面查找。对于当日拾获且未被认领的物品，工作人员会进行登记并对外发布失物招领信息。

（三）失物处理程序

客运服务人员在拾到或接收到遗失物品后，应按照相应程序进行处理。按照失物的贵重程度不同，其处理程序也不同，具体包括一般失物的处理程序和特殊失物的处理程序。

1. 一般失物的处理程序

（1）当面检查并登记确认。城市轨道交通客运服务人员与失物拾获人当面检查、核对失物，详细填写"车站失物处理登记单"（表 5-5），注明失物数量及特征，双方签名确认。

表 5-5 车站失物处理登记单

移交记录							
拾获人姓名		拾获人联系方式		拾获时间		拾获地点	
物品名称及特征							
移交时间				保管时间			
移交登记人				失物保管人			
认领记录							
认领人姓名		认领人联系方式		认领时间		认领人证件号码	
失物描述（遗失时间、地点、名称、特征等）							
认领登记人				认领人签字			
备注							

（2）粘贴"失物标签"（表 5-6）。客运服务人员根据"车站失物处理登记单"填写"失物标签"并粘贴在失物上。

表 5-6 失物标签

记录编号	
物品类别	
拾获时间	
拾获地点	

（3）若有失主联系车站，客运服务人员应及时通知失主到车站认领失物。若无失主联系车站，车站应对失物进行妥善保管。

（4）若当天车站运营结束前仍无失主认领失物，车站应在当天运营结束时（也可在第二天）将本站保管的失物移交失物处理中心。

（5）失物处理中心应建立计算机台账，管理所接收的失物，并对失物进行分类存放。失物处理中心应每季度对存放的失物进行清理、登记，并按相关规定处理无人认领的失物。

2. 特殊失物的处理程序

（1）信（文）件。有"特快专递""挂号""绝密"等字样或未付邮资的信件，由客运服务人员填写"车站失物处理登记单"后交由站内车站公安签收处理。已付邮资的邮件由车站代为投寄。其他信（文）件按一般失物处理。

（2）现金及有价票据。对于2000元以内的现金，由车站当班值班站长以及车站当班客运值班员两名工作人员核实，在填写"车站失物处理登记单"后移交失物处理中心。对于2000元以上的现金或者2000元以上的有价票据，在填写"车站失物处理登记单"后将失物移交车站公安签收处理。

（3）危险品及违禁品。客运服务人员发现枪支、弹药、易燃、易爆、剧毒等物品时，在填写"车站失物处理登记单"后立即将失物移交车站公安签收处理。

（4）食品与易腐物品：食品与易腐物品可由车站自行处理，不需要移交失物处理中心；有包装的食品保管期为72小时，如无人认领，由车站自行处理；无包装的食品及易腐物品（如蔬菜、水果、肉类等），保管到当天车站关站时，由车站自行处理。

（四）失物认领程序

乘客失物认领分为一般失物认领及现金认领，具体处理程序如下。

1. 一般失物认领程序

一般失物认领程序如下：

（1）由认领人提供失物名称、遗失地点、遗失时间等信息，车站客运服务人员或失物处理中心初步确认是否有与认领人所提供信息相符的失物。

（2）若有符合认领人描述的失物，应请认领人提供两项以上最能表现失物特征和归属的证明。若特征相符，则由车站客运值班员与值班站长共同确认并办理手续。

（3）凭本人身份证或其他有效身份证明办理认领手续。认领时，客运服务人员应要求认领人如实填写相关资料，并由双方在"车站失物处理登记单"上签字确认。

（4）城市轨道交通车站只办理当天失物认领手续，其余情况下的失物认领手续由失物处理中心办理。

2. 现金认领程序

现金认领程序如下：

（1）客运服务人员拾得（或接收）遗失现金后，能及时找到失主的，按上述规定办理认领手续。在其他情况下，现金的认领一律在乘客失物处理中心办理。

（2）凭证件领取并登记。若乘客认领现金，客运服务工作人员须确认认领人身份后才可办理认领手续，双方在"车站失物处理登记单"上做好登记签收后，及时与失主办理交接手续。

（3）失主认领现金时，"车站失物处理登记单"认领事项中的证明人必须是车站站长或车站当值值班站长。其中，500元以上、2000元以下的现金认领，其证明人必须是车站站长。

(4) 失物处理中心办理 500 元以上、2000 元以下的现金认领时，必须对"车站失物处理登记单"第二联进行复印备查。

课堂阅读：地铁员工急乘客所急，快速帮助寻回重要材料

2023 年 8 月 22 日 11 点 25 分左右，哈尔滨地铁指挥中心向地铁 3 号线各车站发布了一条寻物启事，一名乘客在 3 号线乘车时丢失了一份非常重要的文件，非常着急。

其中，3 号线会展中心站行车值班员王某在收到消息后，感同身受，他用着急的口吻，向全站发布了寻找遗失物品的通知，所有在岗工作人员收到通知后，开始了一场全站式的分工"大搜索"。经过大面积细心寻找，3 分钟后，站务员唐某在站台发现了一个文件袋，立即上报给了车控室。

11 点 30 分左右，经过与调度员确认核实捡到的文件袋和乘客寻找的物品为同一物品后，立即给乘客拨打了电话。几分钟后，乘客孙女士急忙赶到会展中心站，经核实物品无误后，车站工作人员将文件袋交给了乘客孙女士。

乘客孙女士表示，自己上午正准备去会展中心办理一件十分重要的事情，不料出站后发现办事的文件丢失了，原以为是在车厢内丢失的，找到的希望不大，没想到车站工作人员这么快就帮忙找回来了，挽回了自己的重大损失，非常感谢。

8 月 26 日，孙女士怀着万分感激之情，向会展中心地铁站工作人员送来了锦旗，并由衷地感谢车站工作人员，车站值班站长则向乘客表示："这种事情我们几乎每天都会遇到，无论能不能帮助乘客找到，我们都会尽自己最大的努力帮助乘客，这是我们的责任。"

（五）无人认领失物的处理

对无人认领的失物，按以下措施进行处理。

(1) 对无人认领的地铁车票、现金，每月统计 1 次，上交有关部门进行处理。共同交接时，需通知相关负责人到现场监督双方交接。

(2) 对无人认领的银行磁卡，交还各发卡银行进行处理。银行不受理时，由失物处理中心所在车站站长或值班站长及 1 名车站工作人员将银行磁卡剪去一角后交由车站保洁处理，但应通知相关负责人在场监督处理过程。

(3) 对于无人认领的普通证件、普通文件，每半年清理 1 次。由处理中心所在车站站长、值班站长及 1 名车站工作人员清理后交由车站保洁处理，但应通知相关负责人在场监督处理过程。

(4) 对其他无人认领的失物，每半年清理 1 次，由失物处理中心统一造册，由相关负责人联系民政局或可接受捐赠部门进行处理。失物处理中心在交接无人认领失物时，须有相关负责人在场监督。

（六）失物的存放及保管

失物处理中心必须对接收的失物建立计算机台账，并对失物进行分类存放。

贵重物品，如钱包、手机、首饰、有价票据、现金存款单等，必须存放于保险柜内。其他物品，如雨伞、文件、证件等，可存放于储物架或文件柜内。

失物处理中心工作人员必须每季度对存放的失物进行清理、造册，并按有关规定处理。

二、乘客走失寻回服务

(一) 儿童走失寻回服务

当发现有儿童在城市轨道交通车站内走失时,客运服务人员应采取以下处理措施:

(1) 发现儿童走失,首先要适当安抚儿童情绪,并用柔和的语气询问其个人信息和监护人信息,通过其提供的信息联系其监护人。

(2) 若儿童无法提供有效身份信息和监护人信息,则将走失儿童带到休息室,在车站内播报寻人信息,查看监控录像确定走失儿童的行踪轨迹和陪同人员。

(3) 若有人前来认领,应先核实认领人的身份信息,并向儿童确认认领人是否为其监护人。若儿童无辨认能力,应向认领人询问走失儿童的特征,并确认认领人的身份,必要时前往公安局核查身份。

(4) 确认认领人身份后,应要求认领人签字登记,再将儿童交给认领人。

(5) 如果没有在车站内找到儿童的监护人,上报至城市轨道交通运营控制中心,全线播报寻人信息。必要时可向公安部门求助。

(二) 老人走失寻回服务

发现有老人在城市轨道交通车站内走失时,客运服务人员应采取以下处理措施:

(1) 立即主动上前与老人交谈,询问老人是否需要帮助。

(2) 若老人能够清晰正常地交流,可以先询问老人相关信息,根据老人提供的信息联系家属。

(3) 若老人无法正常交流,将老人带到休息室,妥善保管好老人所携带的随身物品,在车站内播报寻人信息,并通过查看监控录像来确定老人的乘坐线路、陪同人员等信息,必要时可向公安部门求助。

(4) 若有人前来认领,应先确认对方身份后再让其带走老人。

任务训练单

任务一:乘客投诉处理技巧

专业		班级	
姓名		小组成员	

一、任务要求

(1) 学生分组,每组5~8人。

(2) 根据下列乘客投诉事件,小组讨论后,先分析案例中客运服务人员的不足之处,然后进行角色分配,运用乘客投诉处理的相关理论知识模拟正确处理乘客投诉的过程。

案例事件经过:某日,地铁车站站台巡视员小李发现一名乘客候车时坐卧在扶梯的不锈钢面板上,便请乘客不要在扶梯上坐卧,然后就到下行线接车。当巡视员小李再次回到上行线后发现该乘客并没有从扶梯上下来,就再次要求乘客下来,由于没有耐心地对乘客使用文明用语,该乘客对巡视员小李劝阻的语气和态度表示不满,并指出:要将不好的服务态度录下来。同时,用手中的手机对着巡视员小李做录像的动作。巡视员小李用手挡住手机镜头,乘客继续做录像的姿势,巡视员再次挡住,并对乘客说:"拍什么拍!"乘客和巡视员小李之间矛盾激化。

此时上行列车准备进站,乘客就从扶梯上下来,快步走向站台边准备上车。此时巡视员小李转身向紧停按钮处走去,准备接车。由于两人所处位置较近,在转身过程中相互之间发生碰撞,乘客误认为巡视员小李有意碰撞,所以转身用肩膀大力地撞了巡视员小李两下后准备上车离去,巡视员小李则拉住乘客,质问为什么要撞人,乘客表示强烈不满,并要求巡视员叫站长下来处理。

(3)每组选出一名成员代表对案例事件分析处理结果进行阐述。

(4)教师根据表5-7对任务实施结果进行考核评价。

二、任务考核评分

表 5-7　任务考核评分表

考核评分内容	分值	教师评分	小组互评分
对乘客投诉原因熟悉	15		
对乘客投诉处理技巧和处理程序熟练	30		
对案例事件分析处理到位	25		
模拟演练程序完整、正确	30		
总分			

注:小组互评分是各小组评分总和的平均值,总分=小组互评分×40%+教师评分×60%。

任务二:正确处理乘客纠纷

专业		班级	
姓名		小组成员	

一、任务要求

(1)学生分组,每组5~8人。

(2)根据下列乘客纠纷事件,分小组讨论,分析并演练乘客纠纷处理的基本程序以及对易激动乘客的处理。

案例事件经过:某日,有一名女乘客甲到客服中心处理车票,因晚高峰时段客流量大、排队长,于是该女乘客甲准备插队,此行为引起了后面乘客的不满,与乘客乙发生了比较激烈的言语争吵,后来演变成了肢体冲突,车站乘客秩序一度失控。

(3)每组选出一名成员代表对案例事件分析处理结果进行阐述。

(4)教师根据表5-8对任务实施结果进行考核评价。

二、任务考核评分

表 5-8　任务考核评分表

考核评分内容	分值	教师评分	小组互评分
对乘客纠纷处理的基本程序熟悉	20		
对易激动乘客的处理要点熟悉	20		
对案例事件分析处理到位	20		
模拟演练程序完整、正确	40		
总分			

注:小组互评分是各小组评分总和的平均值,总分=小组互评分×40%+教师评分×60%。

课后练习题

一、选择题

1. 一般情况下,运营公司以内在接到《运营公司服务热线事务处理单》的(　　)个工作日内,按照事务处理单的要求对投诉事件进行详细调查分析及回复乘客。

　　A. 1　　　　　　B. 3　　　　　　C. 5　　　　　　D. 7

　2. 热线人员收到建议事务信息后，相关责任部门在接到《运营公司服务热线事务处理单》（　　）个工作日内回复乘客并将处理结果反馈服务热线。

　　A. 1　　　　　　B. 3　　　　　　C. 5　　　　　　D. 7

　3. 未按规定播放广播或播放不及时属于下面哪种类型？（　　）

　　A. 一类有责投诉　B. 二类有责投诉　C. 三类有责投诉　D. 四类有责投诉

　4. 有包装的食品保管期为（　　）小时，如无人认领，由车站自行处理。

　　A. 24　　　　　　B. 36　　　　　　C. 72　　　　　　D. 96

　5. 对无人认领的地铁车票、现金，每（　　）统计 1 次，上交有关部门进行处理。

　　A. 天　　　　　　B. 周　　　　　　C. 月　　　　　　D. 年

　6. 在车站乘客遗失物品当中，有"特快专递""挂号""绝密"等字样或未付邮资的信件，属于（　　）。

　　A. 一般失物　　　B. 特殊失物　　　C. 危险品　　　　D. 违禁品

二、填空题

1. 乘客事务的分类，按事务性质可分为_____、_____、_____和_____等。
2. 乘客投诉的原因分为_____原因和_____原因两种。
3. 投诉心理分为_____、_____、_____以及_____四种。
4. 按照责任归属来划分，乘客投诉分为_____和_____两类。
5. 按照纠纷的影响程度划分，可以分为_____、_____和_____三种。
6. 城市轨道交通车站发生纠纷的最终处理机构是_____。
7. 对于 2000 元以内的现金，由_____以及_____两名工作人员核实，在填写"车站失物处理登记单"后移交失物处理中心。

三、判断题

1. 一般情况下，运营公司以外在接到《运营公司服务热线事务处理单》的 7 个工作日内，按照事务处理单的要求对投诉事件进行详细调查分析及回复乘客。（　　）
2. 对乘客违反规定的行为不给予制止属于一类有责投诉。（　　）
3. 由于乘客自身原因引起的投诉属于有责投诉。（　　）
4. 危险品属于特殊失物。（　　）
5. 在失主认领失物时，要求失主先描述失物的特征并出示有效证件，车站值班站长或客运值班员核对无误并办理有关手续后，才可将失物交还给失主。（　　）
6. 食品与易腐物品可由车站自行处理，不需移交失物处理中心。（　　）

四、简答题

1. 简述乘客事务处理原则。
2. 简述乘客投诉处理程序。
3. 简述乘客投诉处理技巧。
4. 简述一般失物处理程序。
5. 简述无人认领失物的处理程序。

五、案例分析

案例1：地铁工作人员帮助乘客找回书包

某日早高峰时段，一位乘客在广州地铁何棠下站下车后，发现自己的黑色书包落在了末班车上。他马上向该地铁车站工作人员求助。该工作人员立即向末班车停靠的枫下站报告情况。枫下站值班站长小周接到电话后立即上车寻找，在8号站台门对应的座椅上拾获一个装有若干文件资料、身份证及银行卡等物品的黑色书包。

当天上午10点左右，该乘客来到枫下站认领失物。拿到书包后，该乘客对枫下站的工作人员竖起大拇指，并对耐心细致、认真负责的地铁工作人员表示感谢。

思考：客运服务人员在处理乘客失物认领时应遵循的工作程序是怎样的？

案例2：客运服务人员引投诉

某日，有一名女乘客到客服中心处理车票，打印机反应较慢，乘客因赶时间催促了售票员几句。处理完车票后看到售票员未戴员工号，顺口问了一句："你的员工号呢？"售票员直接回答："又没有影响您充值！我没员工号。"对此，乘客很不满，于是投诉："地铁是一个服务行业，员工没有员工号？"

思考：案例中售票员在处理乘客投诉时存在哪些不足？减少乘客投诉的措施有哪些？

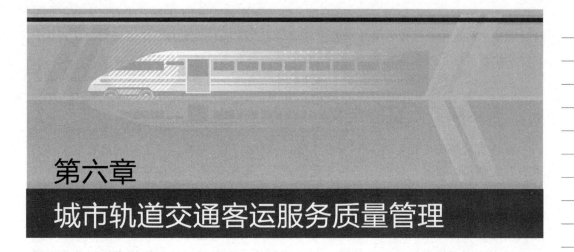

第六章
城市轨道交通客运服务质量管理

📎 内容导读

城市轨道交通运营企业只有在满足乘客需求的基础上取得经济效益,才能得以长期生存和发展。进行城市轨道交通客运服务质量管理对完善城市轨道交通运营企业的服务制度以及改进城市轨道交通客运服务人员的工作方式具有重要意义。通过客运服务质量监督和评价,城市轨道交通运营企业可以更好地了解乘客的需求,找到客运服务中的不足,从而提高城市轨道交通客运服务质量,为乘客提供更贴心的乘车服务,带来更好的出行体验。

本章主要介绍城市轨道交通客运服务质量基本知识、客运服务质量监督与评价。

📑 知识目标

(1)了解客运服务质量的概念、主要内容和影响因素。
(2)熟悉客运服务质量监督。
(3)掌握客运服务质量评价的内容。

📑 能力目标

能够运用客运服务质量评价指标对城市轨道交通客运服务质量进行评价。

📑 素质目标

培养精益求精、追求卓越的工匠精神。

第一节　客运服务质量基本知识

案例导入:客运组织不力引投诉

某日,一地铁车站客流异常增加,由于客运组织不力,致使列车发车间隔时间较长，早高峰列车晚点时间超过10分钟，大量乘客滞留在车站站台，场面一度混乱。对于这种情形，该车站既没有具体的应急预案，也没有告知乘客列车晚点时间，使得本就因上班迟到而焦虑的乘客更加不满，最后导致大量乘客投诉该车站的客运服务质量。

思考：乘客投诉的原因是什么？城市轨道交通服务质量的内容应该包括哪些方面？

一、客运服务质量的定义

服务质量是满足规定要求和潜在需要的特性总和，它符合设定标准的程度和满足被服务者期望的程度，反映了服务质量的水平，是指服务工作能够满足被服务者需求的程度。

在城市轨道交通客运服务中，客运服务质量是指城市轨道交通运营企业提供的服务满足乘客出行需求的程度。客运服务质量最终要由乘客评价。

城市轨道交通客运是一个特殊、复杂的服务系统工程。城市轨道交通运营企业的产品主要包含两方面的内容：一方面是运营企业生产过程的结果，即"位移"；另一方面是乘客出行过程中形成的各种服务，即"出行服务"。城市轨道交通运营企业应当按照相关标准，以安全、高效、便捷、舒适为目标，为乘客提供优质的客运服务，并根据乘客的需求持续提高客运服务质量。

二、客运服务质量的内容

城市轨道交通客运服务质量的内容包括以下九个方面：

（1）运输服务。运输服务包括运载能力、平均乘车距离、服务范围、列车发车频率以及可靠性等。

（2）换乘服务。换乘服务包括不同线路之间换乘的便利性以及不同交通方式之间换乘的方便性。

（3）服务设施。服务设施包括服务设施运行的可靠性、使用的舒适性以及补充服务设施（卫生间、通信设施、食品亭、商业和娱乐设施）的完备性等。

（4）信息服务。客运服务信息应明确信息来源，通过客运服务标志、地铁官网以及客运服务人员向乘客提供的各种信息应具备有效性、可靠性与及时性。

客运服务信息包括以下四种：①一般信息（如运行时间、线路图、时刻表、动态提示信息、安全信息等）；②必要信息（如可达性、标识、票务等）；③非正常状态信息（如事故、故障、事件信息等）；④信息交流（如咨询、投诉和建议等）等。

（5）时间效率。时间效率包括列车运行速度的大小、列车到站的准时性、平均候车时间与平均换乘时间的长短。

（6）乘客关怀。乘客关怀包括：①为残疾人、儿童、老年人、体能障碍者提供设施设备和相关特殊服务；②提供周到的问询、投诉和赔偿服务；③充分考虑和关心不同乘客的需要；④展现良好的精神面貌、服务技能和态度等。

（7）运营环境。运营环境包括候车和乘车环境的通风条件、照明条件、卫生条件、振动和噪声状况等是否良好。

（8）治安与安全。治安与安全包括治安设备、事故预防制度、紧急情况预案和紧急响应措施等是否健全。

（9）企业服务承诺。城市轨道交通运营企业应就其服务向乘客做出承诺，并通过多种方式向乘客和社会公布。出现意外情况、因某种需要导致服务内容变化、服务质量提高或降低时，城市轨道交通运营企业要采用服务声明向乘客公示或向社会公布。

三、客运服务质量要求

客运服务质量要求包括票务服务要求、行车服务要求、信息服务要求以及客运服务设施可靠度。

1. 票务服务要求

城市轨道交通票务服务要求如下：

（1）自动售票机或其附近应有方便乘客购票的醒目、明确的车票种类、票价、售票方式、车票有效期等信息。

（2）自动检票机或其附近应有相应的提示、导向标志或图示，方便乘客检（验）票。

（3）每日运营前，车站应开启售检类设备，并在首班车到站前完成准备工作，确认设备正常运行。

（4）人工售票、充值或售卡过程中，售票员应唱收唱付，做到准确、规范。

（5）对符合免费乘车规定，并持有效乘车证件的乘客，应验证后准乘。

（6）遇票务异常等乘客无法正常进出站时，应及时采取有效措施，为乘客进行必要的票务处理。

（7）在运营期间自动售票、检票机发生故障时，应设置故障提示，异常情况及时进行处理。

（8）城市轨道交通因故中断运营时，运营单位应按照票价退还票款，享受票价优待的乘客，运营单位应执行票价优待规定。

2. 行车服务要求

城市轨道交通行车服务要求如下：

（1）城市轨道交通全天的运营时间应不低于 15 小时。

（2）城市轨道交通的运营时间应根据当地居民的出行规律及其变化确定和调整，调整前应及时公示。在特定日期（如周末、节假日）、恶劣天气以及衔接火车站、机场线路有火车、飞机大面积晚点的，可为乘客提供延时运营服务。因重大活动、重大工程影响需临时调整运营区段时间的，运营单位应提前向社会公布。

（3）运营单位应根据客流需求以及服务水平的变化合理组织列车运行，并可根据客流变化等情况合理调整列车运行，对乘客有影响时，应及时公布。

（4）一年内，线路列车正点率应大于或等于 98.5%，列车运行图/时刻表兑现率大于或等于 99%，断面满载率不宜超过 100%，以上指标的计算方法应符合 GB/T 38374（《城市轨道交通运营指标体系》）的要求。

（5）列车运行应行驶平稳，列车进站时，应确认列车在车站指定位置停稳后开启车门及站台门；列车启动前，应确认车门及站台门关闭且两门之间间隙无夹人夹物。

（6）列车运行发生故障时，应视情况采取相应处置措施。

3. 信息服务要求

城市轨道交通信息服务要求如下：

(1) 运营单位应提供现场问询服务和远程问询服务。
(2) 运营单位应在车站出入口、站厅、站台显著位置设置公告栏，在站台及车厢的醒目位置，告知乘客服务基本信息，包括以下内容：
① 周边街区地标指引；
② 与其他公共交通方式衔接指引；
③ 城市轨道交通网络示意图；
④ 线路站名标识；
⑤ 票价票种信息；
⑥ 首末班车时刻、列车运行信息；
⑦ 站内乘客服务导向信息（含换乘站内的换乘导向信息）；
⑧ 投诉与建议、报警和求助信息；
⑨ 其他与出行相关的信息。
(3) 车站乘客信息系统应实时发布列车运行方向、当前列车到达时间，后续一班列车到达时间等信息。
(4) 车站及列车应通过广播发布列车运行信息，突发事件及运营计划调整信息，排队候车、安全文明乘车提示等信息。
(5) 列车应广播告知乘客到达车站、换乘和开启车门侧信息。
(6) 运营单位应建立官方网站、官方微博、官方微信公众号等互联网信息服务渠道，面向乘客发布列车运行动态、运行计划调整、出行提示等运营服务信息，并进行乘客诉求回复办理工作。

4. 客运服务设施可靠度

一年内客运服务设施的可靠度应满足下列要求，相关服务设施可靠度的计算方法应符合 GB/T 38374 的要求：
(1) 自动售票机可靠度大于或等于 98%；
(2) 充值卡充值机可靠度大于或等于 98%；
(3) 自动检票机可靠度大于或等于 99%；
(4) 自动扶梯可靠度大于或等于 98.5%；
(5) 垂直电梯可靠度大于或等于 99%；
(6) 车站乘客信息系统可靠度大于或等于 98%；
(7) 列车乘客信息系统可靠度大于或等于 98%；
(8) 列车服务可靠度大于或等于 50 万车公里每件。

知识链接：服务指标计算方法

1. 准点率

准点列车次数与全部开行列车次数之比。用以表示运营列车按规定时间准点运行的程度。计算公式如式(6-1)：

$$准点率 = \frac{准点列车次数}{全部开行列车次数} \times 100\% \tag{6-1}$$

凡按运行图图定的时间运行，早晚不超过规定时间界限的为准点列车，准点的时间界限指终点到站时间误差小于或等于 2 分钟的列车（市域快速轨道交通系统除外）；

市域快速轨道交通系统准点的时间界限指终点到站时间误差小于或等于3分钟的列车。

2. 列车运行图兑现率

实际开行列车数与运行图图定开行列车数之比。实际开行的列车中不包括临时加开的列车数。计算公式如式(6-2)：

$$列车运行图兑现率 = \frac{实际开行列车数}{运行图图定开行列车数} \times 100\% \tag{6-2}$$

3. 列车拥挤度

线路高峰小时平均断面客运量与线路实际运输能力之比。列车按定员计算，用以表示列车的拥挤程度。计算公式如式(6-3)：

$$列车拥挤度 = \frac{线路高峰小时平均断面客运量}{线路实际运输能力} \times 100\% \tag{6-3}$$

4. 售票机可靠度

售票机实际服务时间与售票机应服务时间之比。实际服务时间包括正常的加票和加币时间。计算公式如式(6-4)：

$$售票机可靠度 = \frac{售票机实际服务时间}{售票机应服务时间} \times 100\% \tag{6-4}$$

5. 充值卡充值机可靠度

充值卡充值机实际服务时间与应服务时间之比。实际服务时间包括正常的加票和加币时间。计算公式如式(6-5)：

$$充值卡充值机可靠度 = \frac{充值卡充值机实际服务时间}{充值卡充值机应服务时间} \times 100\% \tag{6-5}$$

6. 进出站闸机可靠度

进出站闸机实际服务时间与应服务时间之比。计算公式如式(6-6)：

$$进出站闸机可靠度 = \frac{进出站闸机实际服务时间}{进出站闸机应服务时间} \times 100\% \tag{6-6}$$

7. 自动扶梯可靠度

自动扶梯实际服务时间与应服务时间之比。计算公式如式(6-7)：

$$自动扶梯可靠度 = \frac{自动扶梯实际服务时间}{自动扶梯应服务时间} \times 100\% \tag{6-7}$$

8. 垂直电梯可靠度

垂直电梯实际服务时间与应服务时间之比。计算公式如式(6-8)：

$$垂直电梯可靠度 = \frac{垂直电梯实际服务时间}{垂直电梯应服务时间} \times 100\% \tag{6-8}$$

9. 车站乘客信息系统可靠度

车站乘客信息系统实际服务时间与应服务时间之比。计算公式如式(6-9)：

$$车站乘客信息系统可靠度 = \frac{车站乘客信息系统实际服务时间}{车站乘客信息系统应服务时间} \times 100\% \tag{6-9}$$

10. 列车乘客信息系统可靠度

列车乘客信息系统实际服务时间与应服务时间之比。计算公式如式(6-10)：

$$列车乘客信息系统可靠度 = \frac{列车乘客信息系统实际服务时间}{列车乘客信息系统应服务时间} \times 100\% \tag{6-10}$$

11. 列车服务可靠度

一年内发生 5 分钟及其以上（至 15 分钟）延误之间平均行驶的车公里数，数值越大，表明可靠性越高。

12. 有效乘客投诉率

有效乘客投诉次数与客运量之比。计算公式如式(6-11)：

$$有效乘客投诉率 = \frac{有效乘客投诉次数}{客运量} \times 100\% \qquad (6-11)$$

13. 有效乘客投诉回复率

已回复的有效乘客投诉次数与有效乘客投诉次数之比。计算公式如式(6-12)：

$$有效乘客投诉回复率 = \frac{已回复的有效乘客投诉次数}{有效乘客投诉次数} \times 100\% \qquad (6-12)$$

有效乘客投诉应在接到投诉之日起 7 个工作日内回复，超过 7 个工作日按未回复处理。

四、客运服务质量的影响因素

在乘车过程中，乘客主要通过城市轨道交通客运服务的安全性、便捷性、经济性、舒适性、人性化服务等因素来判断客运服务质量。如果在实际服务中这些服务特性符合甚至超过乘客的期望，乘客会感到满意，认为客运服务质量较好；反之，乘客会认为客运服务质量较差，不能满足乘客需求。

（1）安全性。客运服务的安全性直接关系到乘客的人身安全，是影响城市轨道交通客运服务质量的首要因素。所以，城市轨道交通运营企业在提供客运服务时，应首先保证服务的安全性。

（2）便捷性。随着城市居民的生活节奏加快，乘客对城市轨道交通的便捷性有了更高的要求，比如购票、检票、换乘等的便捷程度已经成为乘客出行方式选择的重要影响因素。

（3）经济性。城市轨道交通的票价定价不是以盈利为目的的，一般与当地居民的消费水平相匹配，价格比较低廉，不宜过高。

（4）舒适性。随着人们生活水平的不断提高，乘客对客运服务过程中的舒适性要求也不断提高，舒适性会直接影响乘客对客运服务质量的评价。

（5）人性化服务。人性化服务是指城市轨道交通工作人员能设身处地为乘客着想，从乘客角度出发考虑问题，了解乘客的实际需求，从而努力去满足乘客需求。

第二节
客运服务质量监督与评价

案例导入：地铁服务"监督员"

一乘客去地铁车站乘车，通过安检时与安检员起口角，乘客掏出手机拍其工号，却被安检员拍落摔坏，且安检员态度恶劣，拒绝赔偿。经过投诉，安检员道歉并赔偿损失。

此后，该地铁车站根据广大乘客提出的服务问题对客运服务人员进行了培训；针对高峰时期车站拥挤、秩序混乱等问题，车站逐步采取相关措施，提高客运服务质量，赢得众多乘客的一致好评。

乘客不但是地铁乘车服务的体验者，也是客运服务质量的"监督员"。综合这些"监督员"的监督结果、服务质量评价和改进意见，能够促使城市轨道交通运营单位进一步提升客运服务水平。

思考：为了更好地接受乘客和社会的监督，城市轨道交通运营单位应做好哪些客运服务监督工作？

一、客运服务质量承诺

城市轨道交通客运服务质量承诺内容如下：

(1) 运营单位应每年公布服务质量承诺，并总结服务质量承诺年度履行情况。

(2) 服务质量承诺应至少包括：

① 列车正点率、列车运行图兑现率等列车运行指标；

② 客运服务设施设备可靠度等符合相关要求；

③ 乘客投诉、意见、建议受理渠道和处理时限；

④ 服务改进的举措和计划。

(3) 乘客需要时，服务人员应说明或解释服务质量承诺。

课堂阅读：西安地铁 9 号线 2022 年运营服务质量承诺履行情况

根据《城市轨道交通客运组织与服务管理办法》（交运规〔2019〕15 号）《城市轨道交通运营管理规定》（中华人民共和国交通运输部令 2018 年第 8 号）要求，现将西安地铁 9 号线 2022 年度服务质量承诺履行情况公示如下：

① 秉承"诚心诚意，恒久为您"的服务理念，打造安全、便捷、舒适、整洁的乘车环境。

2022 年西安地铁 9 号线全年未发生安全事故，全体员工秉承"诚心诚意，恒久为您"的服务理念，持续为乘客提供安全、便捷、舒适、整洁的乘车环境。

② 工作人员着装整齐，服务规范，精神状态良好。窗口服务实行服务"首问负责制"，讲普通话，使用十字文明用语（您好、请、谢谢、对不起、再见）。

2022 年西安地铁 9 号线工作人员严格遵守以上标准，全年共收到乘客表扬 24 次、锦旗 5 面、表扬信 23 封。

③ 各运营车站公布本站首末班车时间，首末班车正点运行。全年列车运行正点率不低于 98.5%，列车运行图兑现率不低于 99%。

西安地铁 9 号线各车站出入口处均公示本站首末班时间；西安地铁 9 号线 2022 年列车运行正点率 99.991%，列车运行图兑现率 99.997%。

④ 客运服务设施稳定可靠，自动售票机可靠度、自动检票机可靠度、电（扶）梯可靠度、乘客信息系统可靠度不低于 99%。

2022 年西安地铁 9 号线客运服务设施稳定可靠，自动售票机可靠度 99.993%、自动检票机可靠度 99.998%、电（扶）梯可靠度 99.965%、乘客信息系统可靠度99.995%。

⑤ 承诺有效乘客投诉回复率100%，乘客投诉在5个工作日内必有回复，服务热线号码029-89859666，全年工作时间为8：30—12：00，14：00—18：00，非工作时间开通语音留言功能，广泛听取乘客意见。

西安地铁9号线服务热线坚持"365不打烊"，工作时间为8：30—12：00，14：00—18：00，非工作时间开通语音留言功能，广泛听取乘客意见。2022年全年累计接收并处理各类乘客事务1686件，均于5个工作日内回复且回复率100%。

⑥ 贯彻"诚心诚意，恒久为您"的服务理念，为有需要的乘客提供便民如厕、爱心预约、医药箱、爱心轮椅等便民服务。

西安地铁9号线各站进站闸机处公示便民服务内容，全年常态化为广大乘客提供便民如厕、爱心预约、爱心轮椅、广播寻人寻物、医药箱等便民服务，并建立"小9服务队"在节假日期间提供多元化服务。

⑦ 西安中铁免票政策遵照《西安中铁票务政策》执行。

全年遵照《西安中铁票务政策》及政府相关要求，为免费乘车人群提供乘车服务。2022年公司用心做好服务提升工作。一是自2022年3月10日起将首班车提前30分钟，延长运营时间，满足乘客出行需求。二是特色服务品牌"骊玖橙旅"于3月份上线，以华清池、纺织城爱心服务台为依托，为乘客提供插座、纸巾、消毒凝胶、老花镜、针线、爱心座椅和饮水服务。三是成立"小9服务队"，先后在清明节、劳动节、端午节等重大节假日以及高考、中考时段开展特色服务活动。四是全线15座车站卫生区域共设置20台免费取纸设备及18台综合售货机，满足乘客多元化出行需求。五是以关注老年乘客出行面临的突出问题和迫切需求为出发点，推出"适老化乘车出行指南"册、打造洪庆站爱老主题车站、开展"敬老为先·让爱先行"主题开展排队日活动及"爱在地铁，情暖重阳"等主题活动。

2023年西安地铁9号线继续践行"诚心诚意，恒久为您"的服务理念，以乘客需求为导向，通过合理计划、科学安排，在行车组织、设备维修、客运服务等方面持续为市民提供优质服务。

二、客运服务质量监督

城市轨道交通运营单位应提供与乘客交流的有效途径，接受乘客和社会的监督，并做好以下客运服务监督工作。

(1) 运营单位应建立内部服务质量监督制度，将服务质量评价纳入日常工作的评价、考核体系。

(2) 城市轨道交通服务质量应根据服务质量准则进行评价和改进，评价内容至少包括有效性、可达性、信息、时间、舒适性、环境影响和乘客关怀等方面的内容。

(3) 运营单位应建立乘客投诉受理、乘客建议收集机制，设置受理和处理乘客投诉的机构和人员，制定乘客投诉受理和处理反馈工作流程，限时向乘客反馈投诉处理结果，并做好相应台账记录。

(4) 运营单位应在站厅、站台和列车内醒目位置公布监督投诉电话。

(5) 运营单位应通过公众开放日、公共信息平台和监督投诉电话等方式听取乘客代表和公众对城市轨道交通运营服务的建议和投诉。

(6) 对于公众的建议，运营单位应及时处理，并适时进行回复；对于乘客投诉，运营单位应在 7 个工作日内处理完毕，并将处理结果告知乘客，做好说明和解释工作。一年内有效乘客投诉率和有效乘客投诉回复率应满足下列要求：①有效乘客投诉率小于或等于百万分之三；②有效乘客投诉回复率为 100%。

(7) 运营单位宜邀请乘客代表或"常乘客"参与服务质量监督工作。

(8) 每年开展不少于 1 次的自我评价活动，将评价结果向社会公布。

(9) 定期委托第三方进行客运服务质量评价，将评价结果向社会公布。

(10) 制定行之有效的措施，对不合格的服务项目进行改进，并将改进措施与结果记录存档。

三、客运服务质量评价

城市轨道交通运营主管部门应当对运营单位客运组织与服务工作进行监督检查，每年组织开展服务质量评价，向社会公布服务质量评价结果，督促运营单位不断改进服务。城市轨道交通服务质量评价应坚持以乘客为中心，遵循公平、公正、公开的原则。

城市轨道交通服务质量评价以线路为单位开展。城市轨道交通运营单位（以下简称运营单位）的服务质量得分，以其所辖线路的服务质量得分按各线路客运量加权平均后，根据运营单位工作表现情况加减分，再按所辖线路规模进行系数调整。

城市轨道交通线网的服务质量得分，以城市线网所有线路的服务质量得分按各线路客运量加权平均后，再按城市线网规模进行系数调整。

（一）客运服务质量评价类型

按照评价的主体，城市轨道交通服务质量评价可分为政府评价、社会评价、企业评价和乘客评价。

(1) 政府评价。政府评价主要针对城市轨道交通企业的管理及运营，侧重于企业所提供的服务水平，并对企业的等级进行划分。

(2) 社会评价。社会评价主要侧重于企业所树立的社会形象和整体服务水平的辨识及评估，评价主体主要包括各类社会群体，如乘客、社会媒体和行业管理机构等。

(3) 企业评价。企业评价主要是通过员工调查评价企业的内部服务质量，显示内部规章制度对服务质量的控制能力。

(4) 乘客评价。乘客评价主要是乘客根据实际的交通服务消费体验对城市轨道交通服务质量进行综合评价。其中，最具影响力的是乘客满意度评价，对客运服务质量的改进更具有针对性。

（二）客运服务质量评价内容

城市轨道交通服务质量评价内容包括乘客满意度评价、服务保障能力评价和运营服务关键指标评价三部分，基准分值 1000 分。乘客满意度评价分值 300 分，服务保障能力评价分值 300 分，运营服务关键指标评价分值 400 分，如图 6-1 所示。

线路服务质量评价得分为该线路乘客满意度评价、服务保障能力评价和运营服务关键指标评价得分之和，再视情况核减扣分。

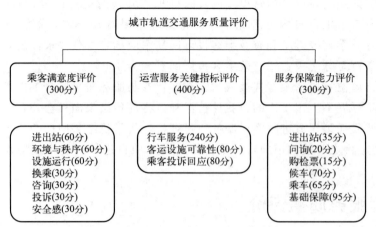

图 6-1 城市轨道交通客运服务质量评价内容

出现以下情形的（因地震、洪涝、气象灾害等自然灾害及其他不可抗力因素导致的除外），应进行核减扣分：

（1）发生 5 分钟以上（含）15 分钟以下延误事件的，每起减 5 分；

（2）发生 15 分钟以上（含）30 分钟以下延误事件的，每起减 10 分；

（3）连续中断行车（指线路中有 2 个及以上车站或区间发生行车中断）30 分钟以上（含）2 小时以下的，每起减 20 分；

（4）发生一般运营突发事件的，每起减 50 分；

（5）发生较大及以上等级运营突发事件的，该线路当年服务质量评价得分记为 0 分。

1. 乘客满意度评价

城市轨道交通乘客满意度评价包括进出站、环境与秩序、设施运行、换乘、咨询、投诉、安全感 7 个评价指标，具体评价内容见表 6-1。

表 6-1 乘客满意度评价内容

评价指标	服务要求	分值
进出站	进出站指引等信息清晰醒目；购、检票方便快捷；安检工作规范有序、通过顺畅	60
环境与秩序	环境整洁、通风良好、温度适宜；候车、乘车秩序良好，无乞讨卖艺、散发小广告等行为	60
设施运行	乘客信息服务、电（扶）梯等设施设备完好、使用正常；列车运行准时、平稳、噪声低；无障碍和人性化设施完备、运行良好	60
换乘	换乘方便快捷、秩序良好	30
咨询	工作人员态度友好、答复准确	30
投诉	投诉渠道畅通、回复及时满意	30
安全感	进出站、候车、乘车等全过程感觉安全可靠	30
总分	—	300

乘客满意度评价应当通过面访调查、网络调查、电话调查等方式开展。根据乘客满意度评价内容设计调查问卷。调查问卷采用满意、一般、不满意三级文字量表，分值系数分别对应 1、0.5、0。

乘客满意度调查样本量应综合乘客总体特征、调查结果精度、调查时间和费用等因素合理确定,每条线路调查样本量不应低于该线路日均客运量的1‰,且最低不少于400份;调查站点应不少于该线路站点总数的50%,并覆盖该线路换乘车站、常态化限流车站以及日均进站量最大车站等。调查时段应覆盖高峰和平峰运营时段。

乘客满意度得分为各评价指标得分之和。各评价指标得分为全部有效乘客问卷中该指标得分的算术平均值。

2. 服务保障能力评价

城市轨道交通服务保障能力评价包括进出站、问询、购检票、候车、乘车和基础保障6个一级指标,一级指标下设二级指标。具体评价内容见表6-2。

表6-2 服务保障能力评价内容

一级指标	二级指标	服务要求	分值
进出站	标志标识	进出站引导标识清晰、醒目、连续、规范	5
	乘车信息	乘车指引和告知信息清晰、醒目	10
		非正常运营信息告知及时	5
	客流组织	客流流线规划合理,进出站顺畅	15
问询	设施	问询设施服务正常*	5
	人员	服务热情,用语规范	10
		着装整洁,佩戴服务标志	5
购检票	购票	乘客购票方便快捷,售票(卡)、充值迅速准确	5
		与其他线路换乘时不重复购票	5
	检票	检票便捷有序	5
候车	广播和乘客信息系统	广播清晰、准确、规范,乘客信息系统运行正常*	10
	接发车	接发列车规范*	5
	巡视	站台巡视规范,主动向有需要的乘客提供服务*	10
	自动扶梯	自动扶梯功能良好、运行正常	5
	站台门	站台门功能良好、运行正常*	5
	卫生	环境良好、整洁卫生	10
		卫生间正常使用,定期清洁,无明显异味	5
	空气和温度	通风良好,温度适宜*	5
	照明	照明良好	5
	噪声	噪声在可接受范围内	5
	标志标识	标志标识清晰、醒目、规范	5
乘车	列车进站	列车进站停车、开关门作业规范	5
	标志标识	列车安全设施警示标识清晰、醒目、规范	5
		提供线网示意图和本线线路图	5
	列车广播和信息提示	列车广播清晰、准确、规范,乘客信息系统运行正常	10
	开关门	开关门提醒正常	5
	座椅和扶手	座椅完好,扶手数量充足	5
	轮椅专用位置	列车设置轮椅专用位置,并有抓握或固定装置	5

续表

一级指标	二级指标	服务要求	分值
乘车	空气温度	通风良好,温度适宜	10
	照明	照明正常,备有紧急照明	5
	噪声	噪声在可接受范围内	5
	卫生	车厢服务设施定期清洁消毒	5
基础保障	基础制度	服务管理制度完善	20
	人员管理	岗位职责和标准明确	10
		人员教育培训到位	5
	客运组织	客运组织方案合理*	15
	服务承诺	公布服务质量承诺	5
		运行图备案	5
		服务质量承诺备案	5
	服务投诉处理	投诉受理渠道畅通,处理及时	15
	服务考核和改进	服务考核机制健全,持续改进服务质量	15
总计		—	300

注:标*的评价内容和指标,各地可根据实际情况确定是否适用于有轨电车。确定不适用的,不予计分,线路得分以实际计分分值按满分300分等比例折算。

服务保障能力评价应当通过实地体验、资料查阅、数据调取、人员询问、现场测试等方式开展。

开展服务保障能力评价工作应组成不少于7人的评价组,评价组7位成员应当与被评价对象无隶属关系或利害关系,其中至少4人具有5年以上(含)城市轨道交通运营管理相关工作经历。

服务保障能力评价应设计抽样方案,车站样本量不应少于该线路站点总数的20%,并覆盖该线路换乘车站、常态化限流车站以及日均进站量最大车站等;列车样本量不应少于5列次。

服务保障能力得分为评价组各专家评价得分的算术平均值。

3. 运营服务关键指标评价

城市轨道交通运营服务关键指标包括行车服务、客运设施可靠性、乘客投诉回应等3个类别。具体评价内容见表6-3。

表6-3 服务关键指标评价内容

类别	评价指标(β)	分值	评分规则				
			满分	满分×80%	满分×60%	满分×40%	满分×20%
行车服务	列车运行图兑现率/%	40	$\beta \geq 99.9$	$99.5 \leq \beta < 99.9$	$99 \leq \beta < 99.5$	$97 \leq \beta < 99$	$\beta < 97$
	列车正点率/%	40	$\beta \geq 99.9$	$99.4 \leq \beta < 99.9$	$98.5 \leq \beta < 99.4$	$97 \leq \beta < 98.5$	$\beta < 97$
	列车服务可靠度/(万列千米/次)	60	$\beta \geq 30$	$20 \leq \beta < 30$	$8 \leq \beta < 20$	$5 \leq \beta < 8$	$\beta < 5$
	列车退出正线运营故障率/(次/万列千米)	60	$\beta < 0.1$	$0.1 \leq \beta < 0.2$	$0.2 \leq \beta < 0.4$	$0.4 \leq \beta < 0.8$	$\beta \geq 0.8$

续表

类别	评价指标(β)	分值	评分规则				
			满分	满分×80%	满分×60%	满分×40%	满分×20%
行车服务	客运强度/(万人次/千米·日)	40	$\beta \geq 1.5$	$0.7 \leq \beta < 1.5$	$0.4 \leq \beta < 0.7$	$0.2 \leq \beta < 0.4$	$\beta < 0.2$
客运设施可靠性	自动充值售票机可靠度/%	20	$\beta \geq 99.8$	$99 \leq \beta < 99.8$	$98 \leq \beta < 99$	$97 \leq \beta < 98$	$\beta < 97$
	进出站闸机可靠度/%	20	$\beta \geq 99.9$	$99.5 \leq \beta < 99.9$	$99 \leq \beta < 99.5$	$97 \leq \beta < 99$	$\beta < 97$
	电(扶)梯可靠度/%	20	$\beta \geq 99.9$	$99 \leq \beta < 99.9$	$98.5 \leq \beta < 99$	$97 \leq \beta < 98.5$	$\beta < 97$
	乘客信息系统可靠度/%	20	$\beta \geq 99.8$	$99 \leq \beta < 99.8$	$98 \leq \beta < 99$	$97 \leq \beta < 98$	$\beta < 97$
乘客投诉回应	百万乘客有效投诉率/(次/百万人次)	50	$\beta < 1$	$1 \leq \beta < 2$	$2 \leq \beta < 3$	$3 \leq \beta < 5$	$\beta \geq 5$
	有效乘客投诉回复率/%	30	$\beta = 100$	$95 \leq \beta < 100$	$90 \leq \beta < 95$	$85 \leq \beta < 90$	$\beta < 85$
总分		400	—				

运营服务关键指标评价涉及的数据应当符合有关规定,有条件的城市应当通过智能管理系统直接获取。

运营服务关键指标得分为本年度该线路所有评价指标得分之和。

四、客运服务质量改进

为了给乘客提供更好的乘车服务和出行体验,城市轨道交通运营单位应针对客运服务评价中存在的问题进行改进,具体工作如下。

(1) 运营单位应制定相应的规章制度,按照 GB/T 19001(《质量管理体系》)建立服务质量管理体系。

(2) 运营单位应定期进行服务质量内部检查,并将内部检查结果和服务质量评价结果记录或直接用于改进服务质量。

(3) 城市轨道交通服务质量评价结果应向社会公布,公布频次应与评价频次一致。

(4) 运营单位应对乘客有效投诉进行改进。对于服务类投诉应及时查找原因,改进相关服务,设备设施类投诉应该核实设备设施信息,组织相关单位进行处理;规章制度类投诉应进行分析,根据需要修改完善制度。

(5) 运营单位应确定每年服务质量目标和服务质量改进计划,对以下内容进行重点改进:①乘客多次投诉的服务内容;②通过多种途径收到的公众意见中,对城市轨道交通服务质量确有影响的;③根据服务质量评价和服务提供质量提出应进行改进的服务内容;④可提升城市轨道交通运营服务水平的新技术、新装备。

课堂阅读:提升轨道交通客运服务质量,多举措提供优质服务

2023 年 7 月,随着兰州旅游市场热度持续攀升,兰州轨道交通成为来兰旅客抵达兰州后的重要交通出行方式之一。为进一步提升轨道交通客运服务质量，给来兰、返兰及外出旅客提供更好的乘车体验和优质高效的便民服务，兰州市轨道公司在兰州西站北广场、兰州轨道交通1号线、2号线各车站等客流密集区域，针对硬件设施升级改造、导向指引标识完善、客运服务质量提升等方面采取多项措施，持续提升服务。

在便民服务设施方面，兰州市轨道公司紧紧围绕旅客出行需求，在兰州西站进站入口附近，利用站房结构柱增设了环形便民座椅，给候车旅客临时休息提供便利。在兰州西站北品质广场进出站口、换乘通廊及重点区域增设了志愿服务岗，为乘客提供爱心帮扶、信息咨询、乘车指导、投诉受理等多项便民服务。针对夏日炎热天气，在出租车乘客候车区增设大功率风扇、出风机等降温设施，让来兰旅客清凉候车。

为了方便旅客在兰期间详细了解兰州市区及轨道交通沿线商圈、热门景点、医疗机构等便民出行信息，兰州市轨道公司在轨道交通各车站显著位置摆放"乘着地铁游金城"主题兰州轨道交通乘车指南展板，组织志愿者团队在兰州各客流密集站点，为来往乘客免费发放兰州轨道交通乘车指南、旅游就医指南、兰州市文明旅游倡导书等宣传彩页。

为全力保障市民和来兰旅客的出行，兰州市轨道公司对轨道交通线路运行图进行了延长运营时间调整。在车站客运服务提升方面，兰州市轨道公司提前对运营服务人员进行专项培训，各车站人员需详细掌握市区热门景区、商圈、酒店信息位置，进一步熟悉轨道交通沿线各车站公交接驳等情况。第一时间向旅客提供游览、住宿、就医最佳途径问询帮助，并在运营服务过程中为乘客开展文明旅游主题宣传。

任务训练单

客运服务的乘客满意度调查

专业		班级	
姓名		小组成员	

一、任务要求

（1）学生分组，每组5～8人。
（2）各小组在网上搜索客运服务乘客满意度调查表的基础上，结合客运服务评价指标内容设计一份客运服务乘客满意度调查问卷，将调查问卷打印若干份，在地铁车站进行一次客运服务乘客满意度问卷调查。
（3）小组成员分工合作，对调查数据进行整理、统计，对调查结果进行分析，形成调查报告，并制作出PPT。
（4）每组选出一名成员代表进行PPT汇报，讲解调查结果。
（5）教师根据表6-4对任务实施结果进行考核评价。

二、任务考核评分

表6-4 任务考核评分表

考核评分内容	分值	教师评分	小组互评分
对客运服务评价指标内容熟悉	30		
调查问卷设置科学、合理	30		
对调查结果分析到位	15		
PPT制作精美、内容充实	25		
总分			

注：小组互评分是各小组评分总和的平均值，总分＝小组互评分×40％＋教师评分×60％。

课后练习题

一、选择题

1. 一年内有效乘客投诉率应满足小于或等于（　　）要求。
   A. 百分之三　　　B. 千分之三　　　C. 万分之三　　　D. 百万分之三
2. 一年内有效乘客投诉回复率应为（　　）。
   A. 95%　　　　B. 98%　　　　C. 99%　　　　D. 100%
3. 城市轨道交通全天运营时间应不低于（　　）小时。
   A. 10　　　　B. 15　　　　C. 18　　　　D. 20
4. 一年内，线路列车正点率应大于或等于（　　）。
   A. 95%　　　　B. 98%　　　　C. 98.5%　　　　D. 99%
5. 一年内，自动检票机可靠度应大于或等于（　　）。
   A. 95%　　　　B. 98%　　　　C. 98.5%　　　　D. 99%
6. 一年内，自动售票机可靠度应大于或等于（　　）。
   A. 95%　　　　B. 98%　　　　C. 98.5%　　　　D. 99%
7. 每年开展不少于（　　）次的自我评价活动，将评价结果向社会公布。
   A. 1　　　　B. 2　　　　C. 3　　　　D. 5
8. 在线路服务质量评价中，线路发生5分钟以上（含）15分钟以下延误事件的情形时（因地震、洪涝、气象灾害等自然灾害及其他不可抗力因素导致的除外），应进行核减扣分，每起减（　　）分。
   A. 5　　　　B. 10　　　　C. 15　　　　D. 20

二、填空题

1. 换乘服务包括_____之间换乘的便利性以及_____之间换乘的方便性。
2. 运营单位应在_____、_____和_____醒目位置公布监督投诉电话。
3. _____是指准点列车次数与全部开行列车次数之比，用以表示运营列车按规定时间准点运行的程度。
4. 按照评价的主体，城市轨道交通服务质量评价可分为_____、_____、_____和_____。
5. 城市轨道交通运营服务关键指标包括_____、_____、_____等3个类别。
6. 城市轨道交通服务质量评价应坚持以_____为中心，遵循_____、_____、_____的原则。

三、判断题

1. 运营单位应提供现场问询服务和远程问询服务。（　　）
2. 对于公众的建议，运营单位应及时处理，并适时进行回复；对于乘客投诉，运营单位应在7个工作日内处理完毕，并将处理结果告知乘客，做好说明和解释工作。（　　）
3. 乘客满意度调查每条线路调查样本量不应低于该线路日均客运量的1‰，且最低不少于500份；调查站点应不少于该线路站点总数的30%，并覆盖该线路换乘车

站、常态化限流车站以及日均进站量最大车站等。调查时段应覆盖高峰和平峰运营时段。（　　）

4. 根据乘客满意度评价内容设计调查问卷。调查问卷采用满意、一般、不满意三级文字量表，分值系数分别对应1、0.5、0。（　　）

5. 服务保障能力评价应设计抽样方案，车站样本量不应少于该线路站点总数的20%，并覆盖该线路换乘车站、常态化限流车站以及日均进站量最大车站等；列车样本量不应少于10列次。（　　）

6. 开展服务保障能力评价工作应组成不少于5人的评价组，评价组成员应当与被评价对象无隶属关系或利害关系，其中至少4人具有5年以上（含）城市轨道交通运营管理相关工作经历。（　　）

7. 城市轨道交通服务质量评价结果应向社会公布，公布频次应与评价频次一致。（　　）

四、简答题

1. 简述客运服务质量的内容。
2. 简述客运服务质量的影响因素。
3. 简述客运服务质量评价的内容。
4. 简述客运服务质量重点改进的内容。

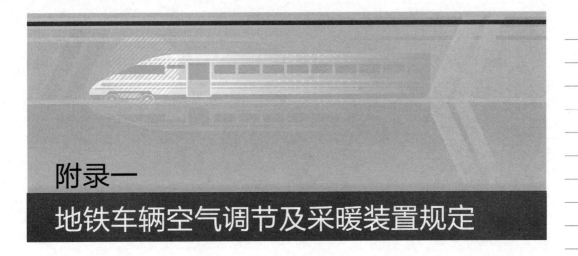

附录一
地铁车辆空气调节及采暖装置规定

GB/T 7928—2003　地铁车辆通用技术条件

1. 车辆的空调制冷能力，应能满足在环境温度 33℃时，车内温度不高于 28℃±1℃，相对湿度不超过 65%。不同地区亦可根据当地气候条件在合同中另行规定温度要求。

2. 空调装置采用集中控制方式，同步指令控制，分时顺序启动。

3. 空调机组应有可靠的排水结构，在运用中凝结水及雨水不应渗漏或吹入到客室内。

4. 客室内采用空调系统时，其新风口和风道设置应确保制冷效果及乘客舒适性的要求，人均新风量不应少于 $10m^3/h$（按额定载客人数计）。客室内仅设有机械通风装置时，人均供风量不应少于 $20m^3/h$（按额定载客人数计）。

5. 司机室采用空调时，新风量不应少于人均 $30m^3/h$。不同地区有特殊需要时，可在合同中另行规定。

6. 用于冬季寒冷地区的车辆应设取暖设备，运行时应维持司机室温度不低于 14℃。

7. 采暖装置应能根据需要按不同工作挡位调节温度。

8. 对安装采暖设备部位的侧墙、地板及座椅等应进行安全隔热处理。

9. 空调和采暖设备应具有相应的电气保护功能。

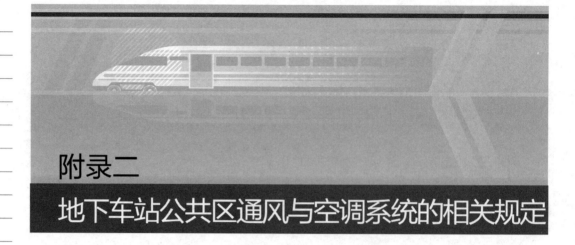

附录二
地下车站公共区通风与空调系统的相关规定

GB 50157—2013 地铁设计规范

1. 地铁地下车站公共区应设置通风系统，当条件符合下列规定时，应采用空调系统。

（1）在夏季当地最热月的平均温度超过 25℃，且地铁高峰时间内每小时的行车对数和每列车车辆数的乘积不小于 180 时，应采用空调系统；

（2）在夏季当地最热月的平均温度超过 25℃，全年平均温度超过 15℃，且地铁高峰时间内每小时的行车对数和每列车车辆数的乘积不小于 120 时，应采用空调系统。

2. 地下车站公共区的进风应直接采自大气，排风应直接排出地面。

3. 地下车站公共区夏季室外空气计算温度，应符合下列规定：

（1）夏季通风室外空气计算温度，采用近 20 年最热月月平均温度的平均值；

（2）夏季空调室外空气计算干球温度，采用近 20 年夏季地铁晚高峰负荷时平均每年不保证 30h 的干球温度；

（3）夏季空调室外空气计算湿球温度，采用近 20 年夏季地铁晚高峰负荷时平均每年不保证 30h 的湿球温度。

4. 地下车站公共区夏季室内空气计算温度和相对湿度，应符合下列规定：

（1）当车站采用通风系统时，公共区夏季室内空气计算温度不宜高于室外空气计算温度 5℃，且不应超过 30℃；

（2）当车站采用空调系统时，站厅中公共区的空气计算温度应低于空调室外空气计算干球温度 2～3℃，且不应超过 30℃；站台中公共区的空气计算温度应低于站厅的空气计算温度 1～2℃；相对湿度均应为 40%～70%。

5. 地下车站公共区冬季室内空气计算温度应低于当地地层的自然温度，但最低温度不宜低于 12℃。

6. 地下车站公共区冬季室外空气计算温度应采用当地近 20 年最冷月月平均温度的平均值。

7. 当采用通风系统开式运行时，每个乘客每小时需供应的新鲜空气量不应少于 30m^3；当采用闭式运行时，其新鲜空气量不应少于 12.6m^3；且系统的新风量不应少于总送风量的10%。

8. 当采用空调系统时，每个乘客每小时需供应的新鲜空气量不应少于12.6m³，且系统的新风量不应少于总送风量的10%。

9. 地下车站公共区内的二氧化碳（CO_2）日平均浓度应小于1.5‰。

10. 地下车站公共区空气中可吸入颗粒物的日平均浓度应小于0.25mg/m³。

11. 当计算排除余热所需的风量时，应计算车站传至地层周围土壤的传热量。

12. 地下车站公共区通风与空调系统应采取保证系统某一局部失效时，站厅和站台的温度不高于35℃的措施。

13. 地铁的通风与空调系统设备运转传至站厅、站台的噪声不得超过70dBA。

14. 地下车站宜在列车停靠在车站时的发热部位设置排风系统。

15. 当活塞风对车站有明显影响时，应在车站的两端设置活塞风泄流风井或活塞风迂回风道。

16. 站厅和站台的瞬时风速不宜大于5m/s。

17. 当地下车站公共区通风机或车站排热风机与区间隧道风机合用时，在正常工况下风机应实现节能运行，并应满足区间隧道各种工况下对风机的风量和风压的要求。

附录三 列车噪声等效声级最大容许限值

GB 14892—2006　城市轨道交通列车噪声限值和测量方法

城市轨道交通系统中地铁和轻轨列车噪声等效声级 L_{eq} 的最大容许限值应符合表1的要求。

表1　列车噪声等效声级 L_{eq} 的最大容许限值　　单位：分贝（dB）

车辆类型	运行路线	位置	噪声限值
地铁	地下	司机室内	80
	地下	客室内	83
	地上	司机室内	75
	地上	客室内	75
轻轨	地上	司机室内	75
	地上	客室内	75

附录四 车站站台最大容许噪声限值

GB/T 14227—2006　城市轨道交通车站　站台声学要求和测量方法

地铁和轻轨车站列车进、出站时站台上噪声等效声级 L_{eq} 的最大容许限值应符合表1的要求。

表1　车站站台最大容许噪声限值　　　　　单位：分贝（dB）

列车运行状态	噪声限值
列车进站	80
列车出站	80

参 考 文 献

[1] 张丹丹,张恩平. 城市轨道交通客运服务 [M]. 北京：机械工业出版社,2021.
[2] 程钢. 城市轨道交通客运服务 [M]. 2版. 上海：上海交通大学出版社,2021.
[3] 裴瑞江. 城市轨道交通客运服务 [M]. 2版. 北京：机械工业出版社,2019.
[4] 全国城市客运标准化技术委员会. 城市轨道交通客运服务规范：GB/T 22486—2022 [S].
[5] 尹小梅. 城市轨道交通法规 [M]. 2版. 北京：化学工业出版社,2019.
[6] 全国安全生产标准化技术委员会. 安全标志及其使用导则：GB 2894—2008 [S].
[7] 全国城市客运标准化技术委员会. 城市轨道交通运营指标体系：GB/T 38374—2019 [S].